MANTENIENDO PENTECOSTÉS PENTECOSTAL

Hacia un avivamiento permanente

Nino González

La misión de Editorial Vida es proporcionar los recursos necesarios a fin de alcanzar a las personas para Jesucristo y ayudarlas a crecer en su fe.

ISBN 0-8297-2200-9
Categoría: Iglecrecimiento

© 1998 EDITORIAL VIDA
Miami, Florida 33166

Reservados todos los derechos

Cubierta diseñada por Innovaciones

Printed in the United States of America

98 99 00 01 02 03 04 * 7 6 5 4 3 2 1

Índice

Agradecimientos	5
Introducción	7
1. Cuna moderna del avivamiento	11
2. El avivamiento apostólico	18
3. Amenazas al avivamiento apostólico	28
4. Crisis de administración	34
5. Crisis teológica	39
6. El avivamiento de Jerusalén	53
7. El avivamiento de Samaria	63
8. Pero había un hombre llamado Simón...	70
9. Avivamientos y ministerios auténticos	80
10. El triunfo del avivamiento en Samaria	87
11. Avivamiento y una nueva adoración	95
12. Risa santa y avivamiento	101
13. Avivamiento frente a una conciencia nueva	106

Agradecimientos

Este libro es, en primer lugar, el resultado de un estudio bíblico en que comparé el avivamiento que se desarrolla en Jerusalén (Hechos 2) y el avivamiento que se produce en Samaria (Hechos 8). De este estudio surgió un mensaje predicado en la convención del Distrito Hispano del Este de las Asambleas de Dios en 1996. A medida que analizaba estos textos bíblicos me daba cuenta de que tenían una gran relevancia en la actualidad con relación a las nuevas tendencias teológicas que están surgiendo dentro de los círculos pentecostales.

He encontrado en el libro de los Hechos un manual para la iglesia. Sus páginas están repletas de experiencias cuyo propósito es el de impartir fe a la iglesia de Jesucristo en cualquier lugar y época en que le toque vivir. No sólo se registran los milagros y prodigios por una iglesia dinámica, sino que también se registran los procedimientos y la metodología usados por la misma iglesia para resolver sus crisis.

El testimonio que encontramos leyendo las páginas del libro de los Hechos es que aquella primera iglesia apostólica fue discipulada a no transigir en los principios del avivamiento. Supieron mantener con sacrificio la prioridad de cumplir con la gran comisión dada por Jesús. Creyeron que el Jesús resucitado estaría presente por medio del Espíritu Santo en la dinámica de la iglesia. Ubicaron con sabiduría las manifestaciones del Espíritu Santo con relación al fruto del Espíritu en la vida del creyente. Antes que convertirse en una religión popular a expensas de la moral, mantuvieron en todo momento un testimonio limpio e intachable.

Agradezco primeramente a nuestro Dios, quien a través de su Espíritu Santo me inspiró en el estudio de su santa Palabra. Deseo agradecer a esos pioneros de Pentecostés que de una forma sencilla, pero con pasión incomparable, se dieron a la tarea de llevar un evangelio completo. Esos hombres y mujeres no se avergonzaban del Pentecostés que representaban aun cuando esa convicción, al igual que en el presente, exigía un precio bien alto.

Agradezco al cuerpo ministerial y a todas las iglesias del Concilio del Distrito de Puerto Rico de las Asambleas de Dios por ser una iglesia de vanguardia y comprometida con un avivamiento permanente desde el año 1916. Agradezco a mis compañeros del Comité Ejecutivo y a todo el personal que labora en nuestras oficinas.

Deseo agradecer a mis padres, el Reverendo Saturnino González y Gloria González, quienes desde temprana edad me instruyeron en la Palabra de Dios y me enseñaron a buscar a Dios de una manera personal. Quiero agradecer muy especialmente a mi esposa Carmen Abigail y a mis tres niños, Kevin, Nannette y Rebecca, por su paciencia conmigo en el desempeño del trabajo ministerial. A DIOS SEA LA GLORIA.

Introducción

Casi dos mil años atrás el avivamiento que hubo en Samaria, y que se registra en el libro de los Hechos capítulo ocho, se vio amenazado por la actitud de un creyente que interpretó mal el uso y propósito de las manifestaciones de los dones del Espíritu Santo. Este hombre, conocido como Simón el mago, desconocía algunos requisitos esenciales con relación al Espíritu Santo y al creyente.

Simón el mago se fascinó con las manifestaciones de los dones del Espíritu Santo. Este hombre deseaba tener el Espíritu Santo, pero sus motivaciones eran contrarias al mismo Espíritu que deseaba tener. Esta crisis, que pudo haber causado uno de los desastres doctrinales más grandes de la historia de la iglesia cristiana, se superó gracias a la participación de los apóstoles, que en representación de los miembros del cuerpo de Cristo, pudieron tomar posiciones doctrinales verticales y enfrentar la amenaza a la iglesia.

Nos acercamos rápidamente hacia una nueva década, un nuevo siglo, un nuevo milenio; y la iglesia de Jesucristo sigue tan fuerte como al principio. Por otro lado, hoy, al igual que lo sucedido con Simón el mago, se levantan grupos que intentan transformar las creencias, prácticas y doctrinas internas de las iglesias pentecostales y carismáticas. El poder económico de las iglesias que han experimentado un avivamiento las ha llevado a adquirir medios masivos de comunicación en muchos países. Aun aquellas que no pueden adquirir medios de comunicación tienen el poder económico para mantener programas de radio y televisión.

¿Cuál es el impacto de esto? Las manifestaciones del Espíritu que antes no tenían exposición al público en general y sólo se conocían cuando se visitaba un templo, ahora se ven por los medios de comunicación masiva. Las manifestaciones del Espíritu se han convertido en la atracción del programa televisivo de muchas iglesias. El problema con esta moderna y tecnológica estrategia eclesiástica es que, como el tiempo televisivo es costoso, hay que ser selectivo con lo que se ha de presentar ante el público. El efecto de esto es que se proyectan experiencias reales de la iglesia, como lo son las manifestaciones del Espíritu, ante un público que no tiene ni el conocimiento, ni la madurez espiritual para entenderlas, apreciarlas ni asimilarlas.

El apóstol Pablo le expresó a los cristianos en su epístola a los Corintios que el hablar en lenguas y otras manifestaciones del Espíritu eran para ejercerse dentro del círculo de los creyentes, ya que los impíos y los incrédulos no entenderían y podrían escandalizarse. Obviamente, estas declaraciones de Pablo eran evidencias claras de la sabiduría dada por el Espíritu a los apóstoles. Ese criterio apostólico se ha violado en muchos círculos y por muchos ministros hoy día. Actualmente vemos como, poco a poco, el ejercicio de los dones del Espíritu ha ido substituyendo la proclamación de la Palabra de Dios, y convirtiéndose en la parte primordial del culto en una iglesia. Creemos firmemente que el movimiento del Espíritu Santo es indispensable en la reunión de la iglesia. No puede haber un culto en la iglesia en donde Jesucristo sea el Señor sin que haya una demostración del poder del Espíritu Santo. No obstante, el lugar de la proclamación de la Palabra de Dios en el orden de la iglesia no puede sustituirse.

Dentro de ese contexto, los nuevos cambios que están surgiendo dentro de estos nuevos grupos pentecostales y carismáticos se transmiten de igual forma por los medios de comunicación masiva, y han creado confusión en gran parte del pueblo cristiano. La misma confusión que reciben los incrédulos que no conocen de los dones del Espíritu cuando éstos se manifiestan en la iglesia. Ahora los creyentes evangélicos y pentecostales se sienten confundidos de igual forma.

Para la iglesia apostólica las manifestaciones y obras del Espíritu eran el cumplimiento de las palabras de Cristo. La predicación del evangelio de Cristo provocaba manifestaciones de milagros y prodigios. Al haber un desequilibrio entre la predicación de la Palabra y las manifestaciones del Espíritu, debido a una alteración en el orden dejado para nosotros, la iglesia, por el Espíritu Santo en el libro de los Hechos, existe un riesgo.

Si la intención del Señor hubiese sido dejar como prioridad apostólica el ejercicio de manifestaciones sobrenaturales sin la predicación del evangelio, ese habría sido el patrón del libro de los Hechos. Obviamente las manifestaciones fascinan más. Las experiencias de milagros cautivan más la atención de la gente. Esta realidad no debe ser la excusa eclesiástica contemporánea para cambiar el orden apostólico de la iglesia. Si el mensaje predicado es cristocéntrico y se provee tiempo en la agenda programada por la iglesia para ver el poder de Dios en acción, veremos, como por orden natural, las manifestaciones de milagros y prodigios.

¿Cuál es el énfasis de la iglesia evangélica que está en medio de un avivamiento hoy? ¿Qué objetivo persiguen los ministros, pastores y evangelistas de nuestra época? Estos grupos de tendencias nuevas, que teológicamente defienden nuevas formas de adoración y otras doctrinas, entienden que ahora, en la época actual, el "Espíritu" los está llevando a una nueva revelación? ¿Se estará repitiendo lo que se conoció en la época del apóstol Pablo como el agnosticismo? Esta filosofía del agnosticismo proponía un nuevo conocimiento o misterio con relación a las Escrituras. La amenaza no se hizo esperar, y poco a poco, en la iglesia se comenzó a enseñar que nuevas revelaciones de las Sagradas Escrituras eran posibles.

Este libro intenta ayudar a pastores, ministros y laicos a examinar hacia dónde se dirige la iglesia pentecostal. ¿Cuál será el efecto de todas estas nuevas doctrinas en nuestras iglesias si no se toman medidas bíblicas y doctrinales a tiempo? ¿Ha tenido la iglesia en el pasado amenazas semejantes a la que confronta en esta era moderna? ¿Existe evidencia bíblica que sirva como parámetro y guía para ver cómo la iglesia apostólica resolvió sus amenazas doctrinales? Es con mucha responsabilidad que este libro persigue el fin de hacer una reflexión bíblica y ofrecer respuestas a dichos interrogantes

¿Quién se levantará hoy como Pedro para enfrentar al Simón el mago de esta época que confunde a la iglesia? ¿En dónde está el énfasis de hoy con relación a las manifestaciones de los dones del Espíritu? ¿El carácter y las motivaciones del corazón serán importantes para los líderes? ¿Para el Espíritu? Estas y otras preguntas se tratarán en este libro con la única intención de provocar en los lectores un análisis profundo de nuestras doctrinas y experiencia de la fe en nuestro Señor Jesucristo. No debemos intentar traer avivamientos sin tener en cuenta la necesidad de que todo creyente tenga el corazón recto y limpio. QUE DIOS NOS AYUDE A MANTENER UN AVIVAMIENTO PERMANENTE.

1
Cuna moderna del avivamiento

Los movimientos pentecostales de nuestra época moderna hallan sus raíces en los avivamientos ocurridos a fines del siglo diecinueve. Estos avivamientos ocurrieron dentro del contexto de las iglesias evangélicas protestantes históricas. Las evidencias históricas existentes nos dicen que estos avivamientos no estaban sujetos a un área geográfica específica en el mundo. Todo lo contrario, en muchos casos los avivamientos se estaban dando simultáneamente en diferentes países del mundo sin la influencia de alguna organización eclesiástica específica. Cuando en los Estados Unidos se comenzaron a dar los avivamientos por las montañas de Tennessee, Arkansas y Misuri, ya en la India para el 1860 se estaban reportando experiencias carismáticas y pentecostales.

Es importante ubicar estos avivamientos de fines del siglo pasado en el contexto socioeconómico, político y filosófico en que estaban ocurriendo. El mundo de fines del siglo diecinueve comenzaba un nuevo enfoque industrial que causaría grandes movimientos de gente de los sectores rurales a los centros urbanos. Las nuevas generaciones, que por siglos dependieron de la agricultura y todo lo que esto conllevaba, ahora se exponían a una nueva experiencia económica que tendría efectos en el individuo y por ende en la familia.

El aspecto político mundial era también un elemento en proceso de cambio, el cual tuvo un gran efecto en el estado anímico de las poblaciones. Ya para el siglo quince y dieciséis, Europa comenzaba a sentir las presiones de los procesos de cambio. Países que por siglos habían estado bajo gobiernos coloniales o de tipo monárquicos se iban convirtiendo en nuevas organizaciones políticas. El efecto de todos estos cambios fueron las revoluciones y movimientos de liberación que cobraron la vida de miles de personas.

En los Estados Unidos, al igual que en muchos otros países, la guerra civil dividió a la nación en muchos aspectos, incluyendo el religioso. La nación que se había fundado en la libertad religiosa y en un sistema de gobierno que fue el único modelo en su época, sufrió con esta guerra civil una gran decepción. Muchos estadounidenses creían que su nación era una tierra prometida comparada con las demás naciones. Pero el haber sufrido esta guerra era un indicio de que toda nación puede sucumbir ante el egoísmo y las injusticias humanas.

Las ciencias, las filosofías y las artes también estaban pasando por procesos de cambio. El desafió a las creencias cristianas se estaban dando en las diferentes universidades del mundo. El efecto de estos desafíos se comenzó a ver en los seminarios evangélicos existentes en la época, los cuales sintieron los efectos de una nueva forma de interpretar las Escrituras. La escuela de interpretación bíblica de fines del siglo pasado comenzó a ver las Escrituras como otro documento más, al cual había que cuestionar según lo que estaba sucediendo en el campo de educación secular. El fruto de todo esto se comenzó a ver en la calidad de los seminaristas y ministros que salían a las diferentes áreas ministeriales.

Esta combinación de crisis mundial en todos los aspectos arriba mencionados creó un vacío de fe en muchos feligreses a través del mundo. Las naciones no eran de confiar. La economía dividía a las familias. Las nuevas filosofías educativas ponían en duda las Sagradas Escrituras, y por lo tanto no llenaban el vacío espiritual del ser humano. Todo este contexto de cambio y la decepción en las instituciones provocó a mucha gente a pensar que esto era señal de los últimos tiempos.

Fueron muchos los que decidieron salir de estas congregaciones. Ya que sus líderes eclesiásticos no satisfacían sus inquietudes espirituales, dichos desertores se dieron a la tarea de buscar en las Escrituras y en la oración respuesta a todos estos cambios. No tardaron mucho en concluir que esto era señal de los tiempos finales y que era inminente el retorno de Cristo a la tierra. La pasión por predicar la segunda venida de Cristo se hizo parte fundamental de estos nuevos movimientos. Ciertos grupos entendieron que para cumplir en forma efectiva con la tarea de la predicación del evangelio se necesitaba tener lo que Jesús les ordenó a los apóstoles que tuviesen, entiéndase "poder desde lo alto".

> *La pasión por predicar la segunda venida de Cristo se hizo parte fundamental de estos nuevos movimientos.*

Un hombre llamado Carlos Parham, director de un instituto bíblico en Topeka, Kansas, y que pertenecía a uno de estos grupos decepcionados dentro de las iglesias históricas le asignó a sus alumnos una tarea muy especial. La asignación fue la siguiente: estudiar el libro de los Hechos y contestar la siguiente pregunta: ¿Cuál era la evidencia del bautismo del Espíritu Santo descrita en el libro de los Hechos?

Todos los alumnos se abocaron a dicha tarea, y la conclusión final fue que el hablar en otras lenguas era la evidencia inicial del bautismo del Espíritu Santo. A su regreso al instituto, el Reverendo Parham encontró que todos los alumnos llegaron a la misma conclusión. El efecto de esa experiencia en los alumnos, provocó una sed profunda por lograr el bautismo en el Espíritu Santo en su propia vida. El 31 de diciembre de 1900, una joven de nombre Agnes Ozman, recibió el bautismo en el Espíritu Santo y estuvo hablando en lenguas por espacio de tres días consecutivos. La noticia cautivó a la prensa y esta nueva experiencia pentecostal en nuestra época moderna se difundió por toda América. No tardó mucho tiempo para que las iglesias pentecostales comenzaran a establecerse por todos los rincones de América y el mundo.

Hubo una iglesia en particular que tuvo un impacto espiritual de grandes proporciones en la nación estadounidense: la Iglesia de la Fe Apostólica en la calle Azusa en Los Ángeles, California. Esta iglesia fue eje central de los avivamientos de principios de este siglo veinte. El pastor de esta iglesia era un afroamericano el cual mantuvo el liderato de esta iglesia por varios años. La composición étnica de esta iglesia fue en su mayoría mejicanos, afroamericanos y angloamericanos de clase muy pobre.

El impacto de esta iglesia toca de cerca a las iglesias hispanas, y al Pentecostés de Puerto Rico. Misioneros, inspirados por Dios, salieron de California con rumbo al Lejano Oriente. Interrumpieron su viaje en las islas de Hawai para predicar el evangelio. Estando allí, predicaron en las plantaciones de piñas en donde trabajaban un grupo de puertorriqueños. Estos habían emigrado desde los pueblos de Yauco, Adjuntas y Utuado, Puerto Rico. De este grupo de puertorriqueños se convierten varios entre los cuales se encuentra la madre de quien vendría a ser el pionero de Pentecostés en Puerto Rico, el Reverendo Juan L. Lugo. El Reverendo Juan Lugo, luego de su conversión, obtiene credenciales, que lo habilitan como ministro del recién organizado movimiento de las Asambleas de Dios. El Reverendo Lugo llega a Puerto Rico en agosto de 1916.

Si analizamos el mensaje que predicaban las iglesias pentecostales de principio de siglo encontramos temas doctrinales los cuales han ido perdiendo popularidad dentro de la iglesia. Entre los temas predicados se encuentra el de un acercamiento a Dios. El desaliento creado a nivel mundial a principio de siglo, por los asuntos sociales, políticos y económicos, proveyó un clima apropiado para presentar a un Dios, que de acuerdo a las Escrituras, deseaba tener un encuentro con la humanidad, y llenar ese vacío y desaliento.

El otro tema predicado por estos nuevos grupos de avivamiento fue el de regresar a las Escrituras. La Biblia se convertía en el libro de texto de las iglesias pentecostales. Surgió un modelo nuevo dentro de estas iglesias que vino a jugar un papel importante en el desarrollo de los nuevos convertidos. Este nuevo modelo se conoce hasta el día de hoy como las escuelas bíblicas dominicales. Dentro de las mismas iglesias los creyentes se reunían los domingos en las mañanas para estudiar la Biblia. Los maestros eran los propios creyentes que adquirían un poco más de conocimiento por el tiempo de convertidos que tenían. La interpretación de las Escrituras era sencilla. Solamente se discutía el texto en el idioma actual sin ningún tipo de ejercicio exegético.

> *El otro tema predicado por estos nuevos grupos de avivamiento fue el de regresar a las Escrituras.*

La predicación de la segunda venida de Cristo fue obviamente lo que más se destacó en estos nuevos grupos después del bautismo en el Espíritu Santo. Se necesitaba poder de Dios para predicar este mensaje del segundo retorno de Cristo y promover una iglesia pura y sin mancha. Este mensaje vino a llenar el vacío dejado por las expectativas de la gente en los gobiernos y sistemas humanos de aquella época.

Los institutos bíblicos establecieron clases de escatología y dispensaciones con tal de preparar efectivamente a los nuevos alumnos de la Palabra. Estas clases eran parte de los requisitos de graduación para los alumnos.

El llamado a una vida de santidad también se destacó en el mensaje predicado por los nuevos movimientos pentecostales de principios de siglo. En esencia el mensaje era uno de acercamiento a Dios, y el compromiso de dejar la vida pasada de pecado. La vida personal de los creyentes se identificaba por una conducta diferente a la practicada cuando no se conocía al Señor. Esto conllevaría el dejar los vicios, placeres mundanos, juegos y toda aquella práctica que se entendía era prohibida por las Sagradas Escrituras. Se cuestionaba el patrón de vida imperante de la época. ¿Qué ideas, filosofías, o motivaciones alimentaban las prácticas, las modas, los estilos, etc.? Se perseguía desenmascarar el espíritu del siglo.

Lamentablemente, aunque las motivaciones de la iglesia eran legítimas en cuanto a rechazar al mundo y sus prácticas, ésta se vio inclinada a adoptar posiciones legalistas por el temor a no caer en el libertinaje extremo.

> *Lamentablemente, aunque las motivaciones de la iglesia eran legítimas... ésta se vio inclinada a adoptar posiciones legalistas por el temor a no caer en el libertinaje extremo.*

El otro aspecto que se destacó en esta nueva iglesia que incursionaba en el siglo veinte fue el de las manifestaciones de los dones del Espíritu. Los cultos eran prolongados y nadie parecía tener prisa en cuanto a la hora de salida. Los predicadores al finalizar sus mensajes enfatizaban que los milagros encontrados en el libro de los Hechos eran para este tiempo, y por lo tanto, debían orar por los enfermos y libertar a los endemoniados. Se oraba por los creyentes para recibir el bautismo en el Espíritu Santo. El cuerpo de líderes estaba convencido de que las Sagradas Escrituras enseñaban que la señal física inicial del bautismo en el Espíritu Santo era el hablar en otras lenguas.

Cuando consideramos todo lo que la iglesia abrazó como parte de su experiencia de fe y de proclamación concluimos que fue producto de una profunda sed de Dios. El requisito previo para todo avivamiento que ha existido a través de los años es tener una profunda sed de Dios. Esta verdad se confirma con las palabras de Cristo en Lucas 11:13: "Si vosotros siendo malos sabéis dar buenas dádivas a vuestros hijos, cuánto más vuestro Padre celestial dará el Espíritu Santo a los que se lo pidan." Tiene que haber un deseo en el creyente de tener el Espíritu Santo. Todo aquel que desee proclamar y glorificar a Cristo en forma efectiva y pertinente demostrará tener sed de Dios y anhelar una experiencia con la tercera persona de la Trinidad.

> **Tiene que haber un deseo en el creyente de tener el Espíritu Santo.**

Cuando la iglesia expresa tener sed de Dios hay que buscar la forma de saciarla. El creyente no escatimará esfuerzo en buscar esa experiencia. El creyente tomará tiempo para la oración y retiros de ayunos. La programación de la iglesia se alterará para sacar tiempo para tener vigilias y estar con Dios. Que no se apague la sed de buscar a Dios. Busquemos la presencia y el poder del Espíritu Santo para llevar este evangelio glorioso al siglo veintiuno.

2

El avivamiento apostólico

El marco de referencia bíblico para el avivamiento ocurrido y registrado en el libro de los Hechos viene del Antiguo Testamento. Lo ocurrido en Jerusalén el día de Pentecostés no sucedió en un vacío. La obra redentora de Jesucristo trajo como resultado la promesa del Padre de enviar al Consolador. La muerte de Jesús fue el cumplimiento de lo que ya estaba escrito en el Antiguo Testamento en pasajes como Daniel 9:26 e Isaías 53. Jesús les dijo a los apóstoles que era menester que Él fuera crucificado; de lo contrario el Padre no enviaría al Consolador.

Nosotros, como creyentes en la Palabra de Dios, debemos tener presente que el Antiguo Testamento era la fuente de todo lo que enseñaba Jesucristo sobre la persona del Espíritu Santo y la experiencia del Espíritu que tendrían los creyentes en Cristo. Existen en algunos la idea de que el derramamiento del Espíritu Santo fue sólo para el tiempo de los apóstoles. Es por estas y muchas razones más que un serio estudio de las Sagradas Escrituras es lo propio para todo ministro, pastor y líder cristiano.

¿Qué nos dice esto sobre lo que debe ser la dinámica de una iglesia pentecostal que desea autenticar su experiencia de avivamiento? Obviamente, las Escrituras deben ser el primer lugar de referencia para buscar la explicación sobre todo aquello que sea de corte sobrenatural. ¿Cómo podemos probar esto?

Cuando ocurrió el derramamiento del Espíritu Santo el día de Pentecostés, Pedro predicó el primer mensaje usando como referencia las Escrituras. El apóstol Pedro mencionó pasajes de las Escrituras que defendían la experiencia que acababan de vivir en el aposento alto. Lo interesante de este hecho es que las manifestaciones que los ciento veinte presenciaron en el aposento alto, Pedro las pudo defender frente al pueblo que le reclamaba explicación: "¿Qué quiere decir esto?"

> *El Antiguo Testamento era la fuente de todo lo que enseñaba Jesucristo sobre el Espíritu Santo y la experiencia que tendrían los creyentes en Cristo.*

Escuchar o leer un sermón, o un documento histórico sobre la iglesia apostólica y los avivamientos ocurridos por todo el mundo antiguo conocido es una experiencia edificante. Es una aventura imaginaria poder identificarse con los hechos de los apóstoles en la iglesia primitiva. De aquel grupo de hombres y mujeres sencillos en Jerusalén, Dios inició uno de los movimientos más grandes que haya influenciado pueblo alguno. Sin exagerar se puede decir que el cristianismo en el primer y segundo siglo de nuestra era, afectó la dirección ética, moral y religiosa del Imperio Romano.

¿Cuál fue el secreto de este nuevo movimiento que tuvo tanto arraigo en los pueblos de Asia Menor? ¿Qué manifestaba el cristianismo del primer y segundo siglo que causó sensación en su época? ¿Por qué por espacio de dos siglos ya dominaba en las altas estructuras políticas y sociales del Imperio Romano? Una lectura sencilla y objetiva en el Nuevo

Testamento del libro de los Hechos nos presenta el patrón apostólico que describe cómo este nuevo movimiento impactó su cultura y época, y desarrolló su misión evangelística durante el primer siglo.

> **Dios inició uno de los movimientos más grandes que haya influenciado pueblo alguno.**

Hace varios años, el periódico de más circulación en Puerto Rico publicó un artículo con relación a las iglesias evangélicas del país. Uno de los entrevistados hizo un análisis de las iglesias, y llegó a la conclusión de que, para fines del siglo veinte en Puerto Rico, cuando se hable de la iglesia protestante, se estará hablando de la iglesia pentecostal. Sus conclusiones se justificaban en base al crecimiento numérico de las iglesias pentecostales, y el dominio de éstas en el área de las comunicaciones del país. Las iglesias pentecostales de Puerto Rico cuentan con alrededor de seis canales de televisión y aproximadamente doce emisoras de radio. La evidencia es clara: las iglesias pentecostales dentro de su dinámica de crecimiento afectan las esferas económicas y sociales de un país.

Muchos expertos teólogos del pasado y de la era moderna no han querido darle crédito a lo que es en la realidad el motor que mueve a las iglesias pentecostales, esto es, la presencia de Dios activa en la liturgia (el orden) de la iglesia mediante una experiencia conocida como el bautismo del Espíritu Santo. Por muchos años ha sido esta misma experiencia el centro de la crítica en contra de las iglesias pentecostales.

Recuerdo todavía las experiencias de niño junto a mi familia cuando no era muy popular el ser miembro de una iglesia pentecostal. En la escuela se mofaban de nosotros y nos ponían sobrenombres entre los cuales recuerdo algunos como "revoltosos," "aleluya," "locos" y otros. En una ocasión mientras se tenía un culto en la calle, comenzaron a caer huevos y tomates de todos lados golpeando a todos los que estábamos en aquel lugar. Al día siguiente la noticia corrió como pólvora por todo el pueblo. ¡Cuánto sufrimos al llegar a la escuela, y escuchar las burlas y rechazos por haber estado en aquel lugar!

Los movimientos pentecostales de este siglo veinte han defendido la posición bíblica y teológica de que el libro de los Hechos de los apóstoles es el modelo intencional del Espíritu Santo para la iglesia de hoy. En ese aspecto no hay duda de que en los círculos pentecostales de hoy, el cristianismo no puede cumplir efectivamente su misión evangelística sin la experiencia conocida en el libro de los Hechos como la llenura del Espíritu Santo o el bautismo del Espíritu Santo.

Mi madre conoció al Señor como su Salvador personal en la ciudad de Nueva York en el año 1956. Mi hermano y yo apenas teníamos seis, y cuatro años de edad respectivamente. Los recuerdos que tengo mientras crecíamos en la iglesia era que a todo creyente nuevo se le instruía a buscar el bautismo en el Espíritu Santo. Aun a los niños se nos enseñaba a respetar y a reverenciar la experiencia del Espíritu Santo. Inclusive a los niños también se nos ministraba para que recibiéramos el Espíritu Santo.

> *El cristianismo no puede cumplir efectivamente su misión evangelística sin ... el bautismo del Espíritu Santo.*

Yo pienso que si a los niños de hoy en día el enemigo los está usando para transportar drogas, o velar en los lugares de venta de drogas y cometer todo tipo de delito, ¿por qué no adelantarnos, nosotros los creyentes, con lo que quiere el Espíritu y ministrarles el bautismo del Espíritu Santo? Las iglesias de avivamiento siempre practicaron todo esto que señalo. ¿Qué pasa hoy?

En un estudio que realicé en un complejo de viviendas subvencionadas de Bayamón, Puerto Rico, que me llevaría a mi grado doctoral, encontré que los niños de ese lugar entre los ocho y quince años estaban de alguna manera conectados con algún área del tráfico ilícito de drogas. Estos niños glorificaban la muerte. Sus héroes eran los mismos maleantes del lugar, y cuando asesinaban a alguno de ellos el sueño era que también sus funerales fueran despedidos con balas y disparos.

La experiencia pentecostal en un creyente lo mueve a buscar con pasión a los perdidos.

Cuando se habla de una iglesia pentecostal, enseguida viene al pensamiento una iglesia que modela este patrón descrito anteriormente y que encontramos con detalles en el libro de los Hechos. La visión pentecostal busca cumplir con este mandato de Jesús a su iglesia en su tarea evangelizadora.

Los apóstoles, en conjunto con los ciento veinte discípulos, obedecieron el mandato de Jesús de no intentar proclamación alguna, sin antes recibir del Padre la promesa del Espíritu Santo. Los apóstoles tenían el conocimiento del Antiguo Testamento con relación al sacrificio expiatorio del Mesías. Tenían la base del mensaje que era el haber visto al Cristo resucitado. La experiencia de haber visto y experimentado milagros y prodigios por parte de Jesús los ubicaba en una posición especial. Conocían lo que proclamaban. Cualquiera de nosotros hubiese dicho que ya tenía el bosquejo para su mensaje. Pero Jesús les dijo: "No es suficiente, ustedes necesitan algo más." Jesús les mando que no se movieran de Jerusalén hasta recibir la promesa del Padre.

Imagínense a predicadores modernos buscando un buen sermón para el domingo. ¡Qué mejor mensaje que el haber visto a Jesús resucitado de entre los muertos! Cualquiera de nosotros hoy hubiese querido tener el privilegio de predicar ese mensaje y comunicarlo a todo el pueblo. Luego de escuchar por labios de las mujeres las noticias de que Cristo había resucitado, los apóstoles, aunque con un poco más de esperanza que antes, no se motivaron para predicar ni anunciar nada. Todas las partes del mensaje iban tomando forma. Jesús los exhortó a que no se movieran de Jerusalén hasta que recibiesen la promesa del Padre porque conocía la naturaleza humana y el efecto que hubiese tenido el predicar sin la debida autorización divina. El testimonio de esa primera iglesia a los creyentes del siglo veinte es que no intentaron proclamar nada de Jesús al pueblo sin antes recibir ese bautismo de poder anunciado por Jesús (Hechos 1:8).

Si este mandato fue indispensable para la primera iglesia, ¿por qué no lo es para nosotros hoy? Lo que la iglesia actual está expresando con el rechazo, apatía, negación o cambio de esa llenura del Espíritu por nuevas experiencias o nuevas tendencias o manifestaciones es que, o los tiempos son mejores que los que tuvo la iglesia primitiva o que ahora tenemos una nueva revelación del Espíritu que la que tuvieron los apóstoles. Mi reflexión me lleva a pensar que es la última de éstas la que se está considerando con mayor fuerza, y no la primera, ya que todos sabemos que los tiempos obviamente no son mejores.

> *El testimonio de esa primera iglesia... es que no intentaron proclamar nada de Jesús... sin antes recibir ese bautismo de poder anunciado por Jesús.*

El escritor Lucas describe la experiencia de los ciento veinte el día de Pentecostés (Hechos 2).

Un hecho destacado y nuevo en el grupo de los discípulos fue que todos fueron llenos del Espíritu Santo y hablaron en otras lenguas como el Espíritu les daba que hablasen (Hechos 2:4). Esta nueva experiencia se convierte en patrón para este nuevo movimiento y Lucas lo resalta a través de todo el libro. Aparte de esto, esta nueva experiencia de la iglesia incluyó una pasión por predicar el evangelio de Jesucristo aun en situaciones de peligro para los discípulos. Como parte de la proclamación estaba presentar el señorío de Cristo sobre los enfermos, cautivos y endemoniados. El lugar de reuniones para este nuevo movimiento no se concretaba solamente en las sinagogas, sino que las casas ahora eran los lugares favoritos de reunión.

La predicación de esta nueva iglesia, el *"kerygma,"* o la proclamación, contenía un nuevo método, el cual no sólo era puramente expresión de palabras, sino una demostración de poder con relación a los dones del Espíritu.

Desde el capítulo uno del libro de los Hechos hasta el capítulo ocho, encontramos cómo se expande el evangelio de Cristo más allá de las fronteras de Jerusalén. La expansión incluye experiencias de persecución que más que ser un impedimento a la causa sirvió de combustible en el desarrollo de esta nueva experiencia. Aunque la iglesia pasó momentos de tristeza debido al intento de Ananías y Safira de engañar a los apóstoles (capítulo 5), la mayor amenaza al movimiento viene en el capítulo ocho. Esta amenaza a la iglesia apostólica no es la de la persecución externa.

El avivamiento de Samaria originado bajo el liderato de uno de los diáconos llamado Felipe se vio amenazado por Simón el mago que representó un nuevo tipo de carácter en la iglesia. El avivamiento se vio amenazado por el énfasis desequilibrado de Simón el mago en querer manifestar los dones del Espíritu sin el corazón correcto. Simón reflejó un interés en seguir fascinando a las masas, pero esta vez, con los dones del Espíritu. La presencia del apóstol Pedro representa una afirmación vertical doctrinal que pudo corregir lo que iba en camino a ser una herejía en la iglesia apostólica.

> *El avivamiento se vio amenazado por el énfasis desequilibrado de Simón el mago en querer manifestar los dones del Espíritu sin el corazón correcto.*

CAMBIOS EN LA IGLESIA

Las iglesias pentecostales y de identidad carismáticas están enfrentando etapas de transformación y de cambios en la actualidad a consecuencia de nuevas tendencias teológicas y nuevas formas litúrgicas en sus escenarios eclesiásticos. Hasta el presente, las iglesias pentecostales se han dado a conocer por varios aspectos doctrinales de las cuales sobresalen por lo menos dos.

Primero, las iglesias pentecostales se han afirmado fundamentalmente sobre la doctrina del Espíritu Santo con sus dos funciones primordiales a favor de los creyentes. La primera función del Espíritu Santo es un bautismo en el cuerpo de Cristo el cual es espontáneo en el momento de la conversión. La persona convertida a Jesucristo queda ligada al cuerpo de creyentes desde ese momento en adelante conforme a Efesios 4:4–5. La segunda función es un bautismo que se ha descrito como un bautismo de poder, para llevar a cabo el mandato de la gran comisión dada por Jesús en Lucas 24:49; viene acompañado de la experiencia y la evidencia inicial de hablar en otras lenguas conforme a Hechos 2:4.

El segundo aspecto de las iglesias pentecostales hasta el presente, y que notamos que ha venido cambiando en los últimos años, es la predicación sobre la segunda venida de

Cristo como un suceso inminente en el cual Jesús vendrá a buscar (arrebatar) a su iglesia de acuerdo a 1 Tesalonicenses 4:13-18. Este mensaje ha provocado en los últimos años en los creyentes un compromiso y dedicación a buscar a Dios de forma profunda, guardándose en vivir una vida de agrado a Dios y libre de ataduras de este siglo.

¿Qué está sucediendo en las iglesias pentecostales y de corte carismáticas en estos últimos años? ¿Hacia dónde se dirige esta iglesia? Se ha notado en los últimos años un descenso en el número de creyentes expuestos a la experiencia del bautismo del Espíritu Santo. El poner en un plano secundario lo que constituyó ser el bastión doctrinal de las iglesias pentecostales, es decir, la proclamación de un mensaje de salvación a los perdidos y llevar a los nuevos creyentes a la experiencia del bautismo del Espíritu Santo es una amenaza peligrosa para estos tiempos finales. Hoy por hoy las iglesias pentecostales han causado asombro y han sido motivos de estudios en el mundo entero por el crecimiento numérico. Los teólogos admiten que ha sido la doctrina de la persona del Espíritu Santo en la vida del creyente enfatizada por las iglesias pentecostales lo que las ha llevado al plano donde se encuentran hoy.

¿Qué está sucediendo en los círculos pentecostales? ¿Por qué de pronto comienza una insatisfacción doctrinal, especialmente con la búsqueda de la promesa del Espíritu Santo? En la actualidad se está notando la apertura de las iglesias pentecostales a nuevas formas de adoración con tonalidad judía dentro de un modelo del Antiguo Testamento. Aun los nuevos coros y cánticos modernos de adoración han dejado temas como la gracia de Dios, la justificación por la fe y otros para enfatizar una teología del Antiguo Testamento que esperaba el cumplimiento de la obra redentora de Cristo en el Calvario.

Otro énfasis moderno dentro de las iglesias pentecostales y carismáticas es un supuesto bautismo de gozo para el creyente pero aparte de la experiencia de salvación y del bautismo en el Espíritu Santo. Esta experiencia aparentemente ocultada por Dios a los apóstoles y a la iglesia primitiva del Nuevo Testamento, es dada ahora a la iglesia de hoy. ¿Dónde queda la doctrina del Espíritu Santo con relación a los dones, manifestaciones, y ministerios con este nuevo énfasis de gozo?

> *Los teólogos admiten que ha sido la doctrina de la persona del Espíritu Santo en la vida del creyente enfatizada por las iglesias pentecostales lo que las ha llevado al plano donde se encuentran hoy.*

Algunos grupos dentro de las iglesias pentecostales, se han separado de la comunión en los últimos años por abrazar conceptos de pensamiento positivista, charlas de motivación, énfasis en las riquezas materiales, integrándolos a la fe cristiana y dando la impresión de que ese es el verdadero evangelio.

3

Amenazas al avivamiento apostólico

Cuando se habla de una iglesia pentecostal enseguida viene a la mente una iglesia que modela el patrón apostólico que presenta el libro de los Hechos. Las iglesias pentecostales en su práctica, experiencia y proclamación han defendido la posición teológica de que el libro de los Hechos es el modelo intencional del Espíritu Santo para la iglesia de hoy. Es un libro que narra la historia de la iglesia apostólica en su tarea divina de cumplir con la gran comisión tal y como fue dicho por Jesús antes de ascender a los cielos.

Los apóstoles junto con los ciento veinte discípulos obedecieron el mandato de Jesús de no moverse de Jerusalén sin antes recibir del Padre la promesa del Espíritu Santo. El escritor Lucas describe la experiencia de los ciento veinte el día de Pentecostés en Hechos 2. Un nuevo aspecto del grupo discípulo fue que todos recibieron el bautismo con el Espíritu Santo y hablaron en otras lenguas como el Espíritu les daba que hablasen.

Esta nueva experiencia de la iglesia apostólica incluyó: una pasión por predicar el evangelio de Jesucristo; un denuedo para proclamar el señorío de Cristo sobre los enfermos, cautivos y endemoniados; un modelo nuevo de compartir por las casas la Palabra de Dios. Pero desde temprano en la historia, la iglesia ha luchado con interpretaciones de la fe cristiana que en momentos parecían poner a riesgo la misma fe. Los cristianos que formaban parte de la iglesia traían su trasfondo pagano e interpretaban las Escrituras desde sus propias ópticas y visiones.

> *El libro de los Hechos testifica que ... la presencia del Espíritu Santo los guió, como dijo el Señor, a toda verdad y a toda justicia.*

Junto con esta crisis, movimientos que no eran cristianos empezaron a incorporar elementos de la fe cristiana en sus sistemas de creencias. Una cantidad de doctrinas y enseñanzas comenzaron a florecer por doquiera. Todas reclamaban ser la verdadera forma de entender el cristianismo. Es por esta razón que encontramos que aquellos sistemas filosóficos ya eran parte de la cultura grecorromana con matices de índole cristiano. ¿Acaso el incorporar elementos cristianos en estos sistemas era lo suficiente como para llamárseles movimientos cristianos? ¿En dónde se trazaría la línea entre el verdadero cristianismo y los sistemas religiosos con elementos cristianos? Esto ya se debatió en el pasado. La historia de la iglesia cristiana es testigo de que estos debates ya se dieron. El libro de los Hechos testifica que cuando surgieron las crisis dentro de la iglesia apostólica la presencia del Espíritu Santo los guió, como dijo el Señor, a toda verdad y a toda justicia.

REUNIÓN

La primera crisis eclesiástica que aparece registrada en libro de los Hechos es de índole estructural. El grupo de creyentes se enfrentó a la situación de sustituir a Judas. Los apóstoles establecieron un patrón para la iglesia del Nuevo Testamento sobre cómo se manejarían los asuntos relacionados con doctrinas y prácticas. Lo primero que hicieron los apóstoles fue entender que tenían una situación que resolver. Nunca fue patrón apostólico dejar asuntos de crisis sin resolver en la iglesia del Señor, ni permitir que estos causaran más daño en la comunidad de fe. El ejemplo que vemos en los apóstoles es uno de prontitud y responsabilidad en cuanto al manejo de las crisis.

¿Qué está sucediendo hoy en el liderato de la iglesia? Estamos viendo cómo la iglesia en estos últimos años está enfrentando prácticas y doctrinas nuevas sin ningún tipo de iniciativa por parte de líderes, pastores y ministros.

Hay muchos pastores y líderes que piensan que para no crear o añadir un escándalo en la iglesia es mejor no decir nada y no corregir o no intervenir. Ese no es el ejemplo de los líderes de la iglesia apostólica. La iglesia se reunió para resolver el asunto (Hechos 1:15–16). Se enfrentaron a la crisis y buscaron la solución.

> *La iglesia en estos últimos años está enfrentando prácticas y doctrinas nuevas sin ningún tipo de iniciativa por parte de líderes, pastores y ministros.*

ANÁLISIS DE LAS ESCRITURAS

Los apóstoles examinaron la evidencia bíblica (Hechos 1:16). Ellos buscaron en las Escrituras todo lo que tenía relación al asunto de Judas. Pedro dijo que lo que había ocurrido con Judas era parte del cumplimiento de las Escrituras. Inclusive alude a que fue el propio rey David el que lo profetizó. ¡Qué ejemplo para nosotros hoy! El que ellos buscaran en las Escrituras, como parte del proceso para la solución de conflictos, fue un reconocimiento de que en la Biblia hay una fuente de autoridad para la iglesia. Es importante señalar que el Señor Jesucristo les expresó a los discípulos que el Espíritu Santo los guiaría a toda verdad. Una de las evidencias sobre cómo se lograría esto era por medio de las Sagradas Escrituras. Jesús sabía que aunque en presencia física no estaría con ellos, por medio del Espíritu Santo y las Escrituras ellos podrían enfrentar en victoria cualquier situación difícil.

ESTABLECIERON GUÍAS

Los apóstoles determinaron criterios, guías o parámetros que representaron el consenso de todos. Nos dice la narrativa bíblica que el criterio para el sustituto de Judas era haber estado con Jesús desde su bautismo hasta su ascensión al cielo. El asunto de haberse puesto de acuerdo para establecer criterios nos habla de la unidad que había entre ellos. También es evidente que para llegar a las conclusiones a las cuales llegaron era necesario escuchar otros criterios. Si hubo diferencias de opiniones no lo sabemos. El texto bíblico no nos informa tales detalles. Sólo sabemos que los criterios que aparecen en Hechos 1:21–22 fueron aceptados por todos.

> *El único que saca ventaja del silencio de la iglesia es el diablo.*

¡Qué falta hace el diálogo entre los miembros del cuerpo de Cristo! ¡Qué bueno sería en la actualidad dialogar sobre las diferencias doctrinales, de dogmas y prácticas litúrgicas, sin temor a salir heridos por la dinámica de la misma! El único que saca ventaja del silencio de la iglesia es el diablo. Cuando la iglesia establece lazos de comunicación entre sus miembros se fortalece a sí misma. Es imperativo para la iglesia de Cristo en la actualidad mantener el diálogo, o como lo llaman en otros círculos religiosos, un cónclave entre líderes, pastores y ministros. Estos diálogos tienen que darse en todos los niveles. Se pueden establecer criterios o parámetros entre líderes denominacionales; ministerios evangelísticos; pastores a nivel de ciudades etc. Aun cuando podemos reclamar la sangre de Cristo como denominador común entre muchos cristianos, todavía existen grandes diferencias doctrinales, y ahora inclusive entre pentecostales e iglesias de avivamiento, que piden un diálogo. Esto se haría con la esperanza de que se pueda llegar a criterios que sirvan para unirnos como cuerpo de Cristo.

ORARON

El otro aspecto de procedimiento que sería norma para toda la iglesia fue la oración. En Hechos 1:24–25 encontramos cómo los apóstoles recurrieron a la oración. Todos hemos escuchado la consigna: "La familia que ora unida permanece unida." También es cierto que "la iglesia que ora unida permanece unida." Los criterios establecidos por los apóstoles no eran suficientes. Todas las decisiones de la iglesia serían tomadas en oración. Desde aquí en adelante la oración grupal de una comunidad de fe sería un factor común en la iglesia apostólica.

> *Los apóstoles y el grupo de creyentes oraron en la crisis.*

¡Qué falta hace la oración grupal! Las diferentes comunidades de fe, llámense denominaciones, ministerios evangelísticos etc. carecen de esa oración apostólica. Si el avance del reino de Dios estaba basado en que los cualificados presenciaran eventos clave de la vida de Jesucristo, entonces el peligro era inminente porque había doce o trece que podían reclamar el mismo derecho. Cada cual podía establecer sus propios criterios. Pero la oración es un arma tan poderosa que abre el corazón del ser humano a Dios para que Él domine la voluntad humana que puede hacer daño aun en los asuntos de la iglesia. Los apóstoles y el grupo de creyentes oraron en la crisis.

El resultado final de este proceso fue uno de unidad, logros y compañerismo entre todos los presentes. Aquella primera reunión convocada para resolver un asunto fue el modelo que seguirían los apóstoles de ese momento en adelante.

4
Crisis de administración

REUNIÓN

El registro bíblico nos presenta la segunda crisis de la iglesia apostólica en el libro de los Hechos. Podemos decir que esta crisis gira alrededor de la administración de la iglesia. La diferencia notable de esta crisis con la primera discutida anteriormente es que ya la iglesia había recibido el bautismo del Espíritu Santo. El contexto del capítulo seis es el avivamiento de Jerusalén, el cual había llegado a todo su apogeo, y el efecto del mismo es uno de crecimiento numérico en los creyentes y un compromiso ardiente de evangelización de parte de los apóstoles. En la experiencia de crecimiento de la iglesia apostólica se estaba descuidando el atender a las viudas de los griegos en sus necesidades. Es importante señalar que la iglesia fue impulsada dentro de la experiencia del Espíritu a compartir sus recursos económicos y suplir las necesidades de los creyentes. Es en ese contexto que se desarrolla la segunda crisis apostólica de la iglesia.

El problema que presenta el registro bíblico en Hechos 6 está más relacionado con la prioridad apostólica de orar y proclamar la Palabra de Dios, que con atender a las viudas. Los apóstoles vieron la necesidad de establecer claramente su trabajo apostólico. El proceso usado por la iglesia en esta situación es el modelo que vuelve a aparecer en las Escrituras sobre cómo la iglesia resolvía sus problemas internos.

Lo primero que se hacia en la iglesia era que los apóstoles convocaban una reunión con el propósito de tratar el asunto (Hechos 6:2). Los versículos declaran que habiendo crecido el número de los creyentes hubo murmuración entre ellos. La razón era el descuido de las viudas griegas. La iglesia entendía que era necesario volver a convocarse para un diálogo.

SE ESTABLECEN GUÍAS

Se analizó la crisis y se establecieron guías para corregirla. El acuerdo en este caso fue delegarle a la iglesia la tarea de buscar hermanos que cumplieran con los requisitos. No fueron los apóstoles los que seleccionaron a los primeros diáconos. Los apóstoles establecieron las normas a seguir y luego fue la iglesia quien los escogió. Entre los requisitos que se debían tener en cuenta el buen testimonio era esencial. La reputación de aquella iglesia recién comenzada no podía arriesgarse a tener líderes de mala reputación. Si esta situación fue importante cerca de dos mil años atrás, ¡cuánto más ahora que los parámetros culturales y los valores de moralidad van en descenso! El buen testimonio en el liderato fue un parámetro esencial que ofreció estabilidad en la iglesia nuevotestamentaria.

> *El buen testimonio en el liderato fue un parámetro esencial que ofreció estabilidad en la iglesia nuevotestamentaria.*

El requisito de ser personas llenas del Espíritu Santo fue otra de las guías establecidas por los apóstoles. Los que defienden la posición teológica de que el Espíritu Santo sólo viene al creyente en el momento de la conversión y es un bautismo al cuerpo de Cristo, tienen que explicar este requisito que se les impuso a los que serían ordenados como diáconos. Si el Espíritu Santo hace morada permanente en el creyente en el momento de la conversión, y creemos firmemente que es así, entonces todos los creyentes reúnen las condiciones necesarias y no es necesario buscar mucho. Si de lo que se trata aquí es del creyente que había recibido el bautismo del Espíritu Santo, o sea un bautismo de poder entonces tiene sentido el pasaje bíblico.

Se puede afirmar, sin distorsionar el texto bíblico, que si bien era normal en la vida de la iglesia apostólica ver la conversión de los pecadores, también era normal ver a los conversos sumergidos en la experiencia del bautismo del Espíritu Santo. Los apóstoles fueron los que establecieron las normas y vieron la importancia de tener esta experiencia y obra de gracia conocida como la llenura del Espíritu Santo. El estar llenos del Espíritu Santo los capacitaba para atender las crisis de la iglesia.

Si la iglesia apostólica no negoció, ni comprometió la experiencia del Espíritu Santo, tampoco podemos hoy en la iglesia del siglo veinte y del siglo veintiuno que se aproxima, descuidarnos en creer y presumir que podemos hacer el trabajo ministerial sin el Espíritu Santo. Debemos ver como un modelo para nosotros el registro que aparece en el libro de los Hechos.

El último de los requisitos mencionados en este pasaje fue el de tener sabiduría. Estas personas que servirían a las mesas y atenderían a las viudas iban a enfrentar las tentaciones que enfrenta todo líder de la iglesia.

Es fácil dejarse llevar por los sentimientos y las emociones en el trabajo ministerial. Cuando impera el sentimiento cultural, étnico, económico y social se puede descuidar uno y sin querer traer ignominia a la iglesia. Este punto fue importante porque de esto dependía la reputación de este nuevo grupo de creyentes. De no atender esta situación con sabiduría estaríamos hablando de un movimiento solamente para unos grupos exclusivos sin ningún interés en alcanzar al mundo. Los apóstoles entendían que la sabiduría era necesaria en esta situación.

Se requiere de sabiduría para poder hacer el trabajo práctico ministerial en la iglesia del Señor hoy. Es posible que la iglesia de hoy no esté enfrentando situaciones como la de desatender a las viudas en el caso de la iglesia apostólica. Los retos de hoy son otros, pero los principios se pueden parecer, y por lo tanto, necesitamos de mucha sabiduría. El no tenerla provoca posiblemente los mismos efectos que hubo al principio en la iglesia.

UN MÉTODO ACEPTABLE

Una vez que se establecieron los requisitos, la congregación escogió a los primeros diáconos de la iglesia. Esto habla del buen comienzo y la sabiduría de los apóstoles en la administración de la iglesia. La Biblia dice que la propuesta agradó a la congregación. La administración ejercida por los apóstoles nos afirma que hubo participación por parte de la congregación y que estos vieron con agrado lo propuesto por los apóstoles.

El avivamiento permanente tendrá también efectos en la administración de la iglesia. Muchas pesonas piensan que avivamiento es sólo el recibir las manifestaciones del Espíritu. No pueden conectar las otras tareas ministeriales con avivamiento. El hecho solamente de que el Espíritu Santo incluye el registro de este evento nos dice que la administración de la iglesia es también parte de un verdadero avivamiento.

Las oportunidades de que un avivamiento sea permanente tiene más probabilidades cuando los líderes de la iglesia entiendan que tiene que haber buena administración en la iglesia. El fracaso de muchas iglesias evangélicas pentecostales es precisamente este punto. Tenemos muchos cultos en la iglesia. Los cultos son carismáticos, con mucha libertad y espontaneidad, pero no existe una dirección saludable. Tiene que haber participación de los laicos en las tareas de la iglesia.

Tiene que haber un sistema de dar cuentas de parte del liderato a la asamblea y viceversa.

> *El avivamiento permanente tendrá también efectos en la administración de la iglesia.*

Una congregación que ha experimentado avivamiento reconocerá sus prioridades evangelísticas y aceptará decisiones administrativas cuando estas contribuyan a la paz y a la armonía de la iglesia. En esta congregación se le dio la oportunidad a los creyentes para participar en la solución de un problema en la iglesia. La congregación escogió a los que serían los diáconos y luego los trajeron a los apóstoles para que éstos los ratificaran. ¡Qué hermoso ejemplo de buena administración eclesiástica!

5

Crisis teológica

LA CRISIS

La tercera crisis de la iglesia apostólica fue una de gran magnitud, y pudo haber tenido efectos desastrosos en el avance del evangelio. Este suceso se encuentra registrado en Hechos 15. La crisis comienza al tener cierto grupo de creyentes ciertas ideas sobre el concepto de la salvación en Cristo. Estos, en su misión de evangelizar, lo hacen partiendo desde sus conceptos de la salvación. La Biblia no nos informa si en el proceso del discipulado de los creyentes en Jerusalén se estaba enseñando el que en unión a la fe en Cristo también había que cumplir con la ley judaica. Existía otro grupo de creyentes que cumplían con la gran comisión desde otra perspectiva en cuanto a la salvación en Cristo. El asunto es que esto trajo cierta confusión en la iglesia apostólica.

La reacción de aquellos que no compartían esa visión no se hizo esperar. El apóstol Pablo asumió el liderato en este último grupo. Argüían que no se podía exigir que los conversos gentiles soportaran otra carga como la del cumplimiento de la ley judía para ser salvos. El asunto trajo un momento de crisis a la iglesia. ¿Cómo pudo la iglesia resolver tan aguda crisis considerando que quienes estaban defendiendo puntos opuestos eran los mismos líderes de la iglesia?

El grupo de creyentes volvió a utilizar el mismo modelo que le había dado resultado en asuntos anteriores. Se convocó a una reunión con los apóstoles de la iglesia de Jerusalén y con el apóstol Pablo, Bernabé y otros creyentes gentiles. La narrativa bíblica nos informa que hubo una discusión bastante grande. Cada cual asumió una posición doctrinal de bastante arraigo dentro de sus experiencias teológicas y evangelísticas. No hay nada negativo en que miembros del cuerpo de Cristo asuman criterios o posiciones doctrinales en ciertos asuntos particulares de la fe cristiana. Lo que sí es negativo, es cuando estas posiciones doctrinales dividen a la iglesia y no se hace nada para propiciar un diálogo entre los propulsores de estas doctrinas. Las posturas doctrinales se sostienen cuando luego de un estudio bíblico responsable y con un procedimiento aceptable por la comunidad de fe se llega a un acuerdo. Hay que reconciliar la doctrina en cuestión con otras doctrinas fundamentales para ver si la doctrina en cuestión se puede sostener en su propio peso.

> *En la actualidad estamos observando cómo surgen interpretaciones nuevas de las Escrituras, y nadie asume el liderato para oponerse...*

Estoy convencido de que la experiencia actual de la iglesia es una que grita por un diálogo como el que se dio en el concilio de Jerusalén. Han pasado casi dos mil años desde el comienzo de la iglesia. ¿Cuántas doctrinas ha establecido la iglesia en el ánimo de traer paz a la comunidad de fe? ¿Cuántos postulados ha tenido que abrazar la iglesia con tal de defenderse de herejías surgidas en la misma dinámica del ministerio? En la actualidad estamos observando cómo surgen interpretaciones nuevas de las Escrituras, y nadie asume el liderato para oponerse, aunque sea con el propósito de pedir tiempo para analizarlas. ¿Cómo resolvió la iglesia apostólica esta crisis de pensamiento e ideas teológicas?

REUNIÓN

Ya para esta crisis la iglesia tenía la experiencia para saber cómo enfrentar y resolver las situaciones internas que se iban generando. Acudieron al sistema conocido que era el de la reunión. Lo diferente en esta fue que sólo se reunieron con Pablo, Bernabé, los apóstoles, los ancianos y algunos otros creyentes. No estaba presente toda la congregación. Es posible que ya el número de los creyentes había crecido tanto que no era sabio reunirlos a todos para este asunto.

> *El avivamiento de la iglesia se manifiesta cuando en los choques y los encuentros, el liderato mantiene el ánimo de hablar en amor...*

El relato bíblico nos informa que hubo una discusión no tan pequeña. Dicho de otra manera, el asunto provocó un choque de opiniones de grandes proporciones. Hay momentos cuando la iglesia por razones de principios se ve obligada a tener estos encuentros. Esta porción bíblica nos debe enseñar que cuando existen diferencias doctrinales entre líderes de la iglesia no debe haber temor en tratarlas aun a riesgo de grandes discusiones. El avivamiento de la iglesia no significa que en momentos dados la iglesia no ha de tener encuentros y choques por razones de doctrinas. El avivamiento de la iglesia se manifiesta cuando en los choques y los encuentros, el liderato mantiene el ánimo de hablar en amor y con la esperanza de resolver por el bien de la paz y la armonía de dicha iglesia.

Es posible que las convicciones de ambos grupos hayan sido tan profundas que sus emociones se manifestaron en el estilo individual de cada líder. Lucas nos dice que fue grande la discusión y la contienda (Lucas 15:2). Una contienda es más que una discusión. Esto envuelve un estado de ánimo que no es saludable para la iglesia. Contender es una forma de decir que nadie dentro del grupo de líderes estaba dispuesto a ceder su posición. El efecto de esto pudo haber sido la división de la iglesia cristiana en la etapa inicial de la misma. Obviamente la historia de la iglesia cristiana demuestra que los conflictos doctrinales y su manejo fueron causa de la división de la iglesia en siglos posteriores. Por tanto, es de importancia fundamental que mantengamos un avivamiento permanente, y no nos enmarañemos en discusiones doctrinales.

DISCUSIÓN DOCTRINAL

Cuando ambos grupos comenzaron la discusión lo hicieron basándose en criterios doctrinales fundamentales para la iglesia. Estas doctrinas estaban ya aceptadas por la iglesia, no así este nuevo asunto sobre requisitos para la salvación entre los gentiles. Por lo tanto este nuevo asunto se discutiría en el contexto de estas cuatro doctrinas.

El primer criterio doctrinal era con relación a la gran comisión dada por Dios a la iglesia (Hechos 15:7). Pedro relata con profunda convicción que él había sido comisionado por Dios para predicar el evangelio a los gentiles para que éstos creyeran. El apóstol Pedro no deja dudas sobre su responsabilidad de compartir el evangelio con todo el mundo. Además, incluye en su defensa que el fin de su predicación era que los gentiles creyeran. Lo implícito de esta afirmación es que, al creer el gentil, forma parte del cuerpo de Cristo.

¿Cómo trataría esta nueva iglesia en formación a los miembros del cuerpo de Cristo? Me parece que esto es lo que Pedro desea establecer al principio de la discusión. Partiendo de esa base, todo lo que se vaya a discutir con relación a la misión de la iglesia afectará la metodología, doctrinas y enseñanza a los gentiles. Era importante que los líderes de ambos grupos escucharan esta afirmación sobre la responsabilidad de los creyentes de compartir el evangelio con todo el mundo. Esta afirmación revela que todo ser humano debe tener la oportunidad de escuchar el evangelio. Esto se desprende de que es Dios mismo el que quiere que sea así. No existe opción en cuanto a la predicación del evangelio. Si Dios desea que todos escuchen y crean en su Palabra nosotros no podemos obstaculizar los propósitos de Dios.

El segundo criterio doctrinal estaba basado en el testimonio del Espíritu Santo (Hechos 15:8). El apóstol Pedro afirma que lo que se vaya a decir con relación a los gentiles afectará la doctrina del Espíritu Santo. En primer lugar hay una relación entre el corazón y la recepción del Espíritu Santo. Este asunto fue fundamental en la iglesia apostólica. Establecer la relación entre un corazón recto y la presencia del Espíritu Santo vendría a ser parte de los postulados de la iglesia en años por venir.

> *En primer lugar hay una relación entre el corazón y la recepción del Espíritu Santo.*

Dios, que conoce los corazones, les dio a los gentiles el Espíritu Santo al igual que a los judíos. Esto es una forma de decir que Dios ya ha examinado el corazón de estos creyentes gentiles y por lo tanto ellos han pasado la prueba. ¿Quiénes son los apóstoles para dudar de la obra del Espíritu Santo en los corazones de los gentiles?

Si los líderes hubiesen dudado de la obra del Espíritu Santo en los creyentes gentiles entonces la salvación del alma habría tenido un matiz regionalista judío y no de alcance universal. Se habría concluido que el plan de Dios era hacer a todo el mundo judío, excluyendo de esta manera a todos los pueblos de la tierra que se negaran a perder su identidad racial y étnica.

Es de notar que los apóstoles tenían bien en claro que quien les había dado el Espíritu Santo a estos gentiles era Dios. La experiencia del bautismo del Espíritu Santo siempre será una evidencia de un verdadero avivamiento. Lo destacable y apelativo de este pasaje está en el principio que se puede establecer al no tener las premisas correctas en cuanto a la experiencia de la recepción del Espíritu Santo. ¿Cómo se trataría el asunto de la recepción del Espíritu Santo en la vida del creyente aun cuando estos no fuesen judíos?

El avivamiento que se venía dando en Jerusalén estaba en un momento de crisis, pero vemos algo positivo en esta crisis eclesiástica. La experiencia misma que inició todo un nuevo movimiento evangelístico estaba siendo analizada por la misma iglesia. La iglesia apostólica concentrada en la experiencia sobrenatural como producto de este avivamiento, reflexiona sobre la experiencia misma. Ahora tienen la obligación de establecer principios de afirmación doctrinal con relación al Espíritu Santo que beneficien a la comunidad de fe.

El tercer criterio doctrinal que los apóstoles desean considerar en la discusión está relacionado a Dios mismo. El texto bíblico da a entender que la imagen de Dios puede verse afectada por esta situación (Hechos 15:10). El apóstol Pedro declara que es tentar a Dios añadirle criterios personales a la salvación del alma. Un avivamiento puede verse amenazado cuando los dogmas sustituyen las verdades bíblicas y teológicas. Los apóstoles ven eso como una ofensa al Dios del avivamiento.

¿Cuál es el problema con las cargas dogmáticas en la iglesia de Cristo? El problema estriba en el proceso de interpretación bíblica. Si aceptamos las Escrituras como la Palabra de Dios, entonces forzarlas a decir algo que no dicen, sería tentar a Dios mismo.

Los dogmas tienen mucho que ver con la región geográfica; el aspecto cultural; la experiencia personal de un líder o ministro; el preservar la memoria de un mentor de mucha influencia en el líder, etc. Todos estos aspectos son importantes en la experiencia de la iglesia, pero no tan importantes como la responsabilidad interpretativa de las Sagradas Escrituras.

> **Un avivamiento puede verse amenazado cuando los dogmas sustituyen las verdades bíblicas y teológicas.**

Las cargas dogmáticas en la experiencia de la salvación variarán con relación a la cantidad de líderes que un cuerpo eclesiástico tenga. A mayor cantidad de líderes en un cuerpo eclesiástico, mayores las probabilidades de diversidad de criterios doctrinales. Entonces los líderes tienen un deber delante de Dios: Proteger la paz y la armonía del cuerpo de Cristo, y no tentar a Dios.

El cuarto criterio doctrinal discutido fue con relación a la salvación de los gentiles. Aunque hemos dicho bastante ya sobre este aspecto, no obstante, el apóstol lo menciona como un asunto importante (Hechos 15:11). La iglesia apostólica necesitaba aclarar esta doctrina tan importante de la salvación. Los judíos catalogaban a los gentiles de perros y usaban otros nombres degradantes para referirse a ellos.

Es por tal razón que este asunto es de vital importancia para la iglesia naciente y lo que ésta representaría en el mundo. Este avivamiento del Espíritu Santo logró la transformación de unos apóstoles que antes eran exclusivistas en cuanto a Dios y el mundo. De esta doctrina depende el testimonio de una iglesia reconciliadora con los grupos étnicos gentiles de su época.

Pedro es enfático cuando expresa que por la gracia del Señor Jesús seremos salvo. El apóstol, con esta afirmación, contradice un concepto judío de la salvación que expresaba que sólo aquellos que guardaban los preceptos de la ley de Moisés eran salvos. Dicho de otra manera, sólo los judíos eran salvos. El avivamiento permanente se fundamenta en la doctrina de la salvación que es por la gracia de nuestro Señor Jesucristo.

La experiencia con el Espíritu Santo transformó la visión judía de la salvación que tenían los apóstoles. Las afirmaciones que el apóstol Pedro hace en este momento de crisis en la iglesia son las evidencias de las palabras que Jesús declaró sobre el Espíritu Santo (Juan 16:14). El Espíritu Santo tomaría de Cristo y lo haría saber a sus discípulos. El dudar de esta doctrina o contaminarla con preceptos humanos era desestabilizar a toda una iglesia y por tanto a todo un avivamiento.

> *El avivamiento permanente se fundamenta en la doctrina de la salvación que es por la gracia de nuestro Señor Jesucristo.*

En la declaración del apóstol se establece claramente que no existe diferencia alguna entre la salvación de ellos como apóstoles y miembros del cuerpo de Cristo y la de los gentiles (Hechos 15:11). Cuando miembros del cuerpo de Cristo hacen diferencia entre la salvación de ellos y la de otros grupos en otras partes del mundo el avivamiento se ve amenazado.

En ocasiones escuchamos declaraciones en donde se duda de la experiencia de salvación de las personas por asuntos puramente dogmáticas y preceptos de hombres. Hace falta la verticalidad de los apóstoles en el día de hoy. Hace un tiempo atrás, en un programa de televisión cristiana en Puerto Rico observé y escuché a uno de los ministros de más influencia en el país hacer declaraciones sobre este tema. Aunque él tenía cierta opinión con relación a los adornos y prendas que el creyente debía usar, no las iba a manifestar en público. El contexto de sus declaraciones era precisamente añadir cargas a los creyentes. Este ministro tuvo la misma oportunidad que Pedro, pero no hizo lo mismo que él. Pedro pudo haber dicho que este asunto era delicado para la iglesia. Su posición de liderato obviamente estaba en juego con las declaraciones que hizo. Es posible que en la mentalidad moderna de los líderes eclesiásticos lo más importante sea defender el prestigio y las comodidades que ofrecen esas posiciones. Si Pedro hubiese asumido una postura similar a esta, el avivamiento habría estado en crisis. Esta es una de las razones por la que vemos tanta diversidad teológica hoy día. La verticalidad en el liderato eclesiástico es fundamental en la iglesia de nuestra era moderna.

> *La verticalidad en el liderato eclesiástico es fundamental en la iglesia de nuestra era moderna.*

El quinto criterio traído por los líderes a la reunión de Jerusalén fue el testimonio evidencial de Pablo y Bernabé sobre las señales y los prodigios por parte de Dios. Estos contaron en detalles cómo Dios los había usado llevando el mensaje a los gentiles. Aparentemente para todos ellos el hecho de que Dios hiciera señales y prodigios entre los gentiles era evidencia del endoso divino a esta misión evangelística.

En este punto cabe señalar que el asunto de las señales y los prodigios vienen dentro del contexto de otros asuntos fundamentales como lo es la salvación, Dios, el Espíritu Santo, etc. Esto es muy importante si la iglesia actual desea mantener un avivamiento permanente. Tiene que haber un equilibrio en cuanto a la relación entre milagros, prodigios y el verdadero avivamiento. Las señales y los prodigios solos no pueden llevar sobre sí a todo un avivamiento; tienen que ir de la mano de las demás doctrinas fundamentales de la iglesia. Por otro lado, un verdadero avivamiento debe propiciar los milagros y los prodigios. Hoy día existe la imperiosa necesidad de presentar a un Dios que hace milagros y prodigios. Los apóstoles tenían tales evidencias para demostrar. Las palabras de Jesús a los discípulos fueron precisamente que dichas señales seguirían a los creyentes. Hoy tenemos líderes tratando de crear avivamientos sin señales ni prodigios. La iglesia moderna del siglo veinte tiene todos los adelantos tecnológicos y de estrategias de desarrollo a su disposición. Vemos la tendencia de la iglesia cristiana en países desarrollados que dependen mucho de sus recursos, riquezas y adelantos modernos para llevar a cabo sus tareas ministeriales.

Esto llega a tal punto que en ciertas ocasiones, cuando se presentan conferencias de liderato cristiano y evangelismo, uno puede llegar a confundirse. Estas conferencias en ocasiones "suenan" como las que ofrecen las corporaciones multinacionales. Las estrategias se centralizan mucho en el aspecto humano y ponen al hombre en un plano muy superior al que le corresponde. El avivamiento permanente debe contener testimonios evidenciales de señales y prodigios del poder de Dios, y no centralizarse en el hombre.

A un pastor francés se le pidió que dictara conferencias sobre evangelismo ya que él con su congregación había levantado muchas iglesias. El pastor se sintió un poco limitado ya que les expresaba que no sabía cómo enseñar un curso sobre evangelismo. Los líderes insistieron en que el pastor diera una clase de evangelismo y le explicaron que sólo les dijera a los alumnos cómo era que él levantaba las nuevas congregaciones. Ante esta explicación el pastor les expresó que ya entendía cuál era el pedido. El pastor les comenzó a explicar que cuando iba a un lugar donde entendía que se podía levantar una congregación, buscaba dentro de ese lugar a las personas necesitadas, enfermas y atadas por el diablo. "Yo oro por ellas y Dios las liberta y ahí comienza la iglesia."

El sexto criterio, al cual ya estaban acostumbrados los apóstoles de la iglesia primitiva, era consultar la evidencia bíblica cuando se enfrentaban a desacuerdos doctrinales. El asunto sobre si los gentiles podían contarse entre los salvos, sin que estos guardaran la ley de Moisés, fue procesado bíblicamente. Jacobo asume el liderato en este particular y expresa que el testimonio de Bernabé y Pablo concuerdan con las Escrituras (Hechos 15:15-18).

Es interesante que el pasaje del Antiguo Testamento usado por Jacobo es uno de bastante controversia en la actualidad. La inclusión de los gentiles en el plan de Dios estaba revelado en las Escrituras. El tabernáculo en sí era el lugar donde moraba la presencia de Dios. En este lugar Dios se manifestaba al pueblo. En el tabernáculo que levantó Moisés existía una separación establecida por los rituales y mandamientos dados por Dios. El tabernáculo levantado por David acercó al pueblo a Dios (2 Samuel 6:16-17). David levantó una tienda en donde ubicó el arca de Jehová.

Este tabernáculo no siguió el patrón de Moisés. David se había rodeado de extranjeros y judíos que le habían sido fieles a Dios y a él como líder. Al recuperar el arca, David levantó una tienda, ubicó el arca y luego sacrificó un holocausto a Jehová. En todo ese proceso el tabernáculo de David ya era diferente al de Moisés. Esa tienda levantada por David tenía un significado profético. El tabernáculo de David fue colocado entre el pueblo. No estaba separado del pueblo, sino cerca. Era como si David, sin darse cuenta, estuviese inaugurando proféticamente una era futura para todos los gentiles. En esta era, la presencia de Dios y Dios mismo, estarían al alcance de ellos (Amós 9:11).

Cuando Jacobo hace referencia a la profecía de Amós 9:11 lo hace en el contexto de la controversia sobre si los gentiles podían o no ser considerados salvos sin observar la ley de Moisés. Jacobo entendió que el avivamiento del Espíritu

Santo en la iglesia primitiva era cumplimiento de lo que Dios había hablado por medio del profeta Amós.

El significado del tabernáculo de David es claro cuando se ubica y se deja en el contexto que se señala anteriormente. Sacar de ese contexto al tabernáculo de David y señalar que su significado es sobre danzas y ceremonias es abusar de las Escrituras. La danza no tiene nada que ver con este pasaje y Jacobo no estaba defendiendo ceremonias y liturgias sino a un grupo de gentiles que deseaba acercarse a Dios. Desarrolla su argumento señalando que el propósito de la evangelización es "que el resto de los hombres busque al Señor, y todos los gentiles, sobre los cuales es invocado [su] nombre" (Hechos 15:17).

> *¿Cuántos creyentes habrán alejado a los inconversos de la salvación por la ignorancia de las Escrituras, por un celo desequilibrado, o por prejuicio racial, étnico o social?*

El sexto criterio utilizado por los apóstoles es el de establecer las guías y llegar a un consenso de criterio para resolver la crisis (Hechos 15:19-20). Sobresale como primer parámetro el que no se le impida a los gentiles que se conviertan a Dios. ¡Qué hermoso postulado para una iglesia naciente! Se decide no impedir que los gentiles crean en el Señor. Todo creyente debe reflexionar ante este versículo *si es que deseamos un avivamiento permanente.* ¿Cuántos creyentes habrán alejado a los inconversos de la salvación por la ignorancia de las Escrituras, por un celo desequilibrado, o por prejuicio racial, étnico o social?

Crisis teológica 51

Otros de los parámetros utilizados por los líderes de la iglesia tiene que ver con la disciplina doctrinal del creyente, ya sea judío o gentil. Esto es de suma importancia para toda la iglesia en general. ¿Se les ha de permitir más a los gentiles que a los judíos? ¿Tienen los gentiles más privilegios que los judíos? Jacobo le pide a Pablo que les exija a los gentiles el guardarse de todo lo que contamine: de ídolos, de fornicación, de ahogado y de sangre (Hechos 15:20).

Estos cuatro asuntos tenían que ver con lo mismo, es decir, con los ídolos. La fornicación era parte ceremonial de algunos cultos a deidades paganas. Los animales ofrecidos a la venta en los mercados griegos y romanos se los ofrecían a los dioses. Los judíos no tenían problema con los asuntos de idolatría pero los gentiles salían de un sistema en donde todo giraba alrededor de ídolos y deidades. Esta petición por parte de los líderes de la iglesia buscaba medir el grado de entrega de los gentiles. Si ellos abrazaban al Dios de los judíos, la lealtad tenía que ser absoluta y exclusiva, no debía compartirse.

Salir del sistema pagano romano o griego era una inconveniencia ya que todo el mercado funcionaba bajo el sistema religioso. Un creyente gentil tendría que buscar alternativas en cuanto a la alimentación y prácticas de salud como señal de su nuevo compromiso con el Señor.

Esto pudiera interpretarse como una forma de legalismo aplicada a la inversa. A los judaizantes que perturbaban a los gentiles les inquietaba que éstos guardaran la ley de Moisés. Ahora los líderes de la iglesia piden que los gentiles se guarden de los ídolos y todo lo que conllevaba a estos cultos. Tiene que haber ley y orden *para que pueda haber un avivamiento permanente*. Los que se valían de este pasaje para defender el principio de que los gentiles no debían estar sujetos a la ley de Moisés tenían razón. Sin embargo, dejar la historia en ese punto es no ser responsable con todo el pasaje y con la intención del Espíritu Santo. Al mismo tiempo se les pedía a los gentiles que guardasen la ley. No es Moisés el que exige, es el Espíritu Santo por medio de la iglesia y sus líderes a quienes exigen.

No es buena enseñanza en ninguna iglesia el decir que los creyentes están libres en Cristo para hacer conforme al criterio personal de cada cual. Este libertinaje ha traído escarnio y vergüenza a la iglesia de Cristo a través de los años. Está en el líder enseñar, adoctrinar y disciplinar a los nuevos convertidos. Fíjense con cuidado en qué se les va a enseñar y a exigir a los creyentes gentiles.

> *Tiene que haber ley y orden para que pueda haber un avivamiento permanente.*

Este punto, de suma importancia, salvó el avivamiento de Samaria de un desastre, tanto en lo práctico como en lo doctrinal. Jacobo dice: "Ha parecido bien al Espíritu Santo y a nosotros" (15:28). La iglesia necesita escuchar este tipo de liderato en la actualidad. Los miembros de la iglesia apostólica observaron el cuidado con el cual los apóstoles trataron todo el asunto.

6

El avivamiento de Jerusalén

El avivamiento de Jerusalén vino como consecuencia de la obediencia por parte de los apóstoles a las palabras de Jesús. Jesús les ordenó que no se movieran de Jerusalén hasta que fueran investidos de poder desde lo alto (Lucas 24:49). Si ha de surgir un avivamiento del Espíritu Santo en cualquier lugar del mundo será producto de la obediencia de los creyentes a las palabras del Señor.

En libro de los Hechos encontramos todos los componentes que se requieren para tener la evidencia de un verdadero avivamiento. Esta experiencia no fue solamente para la iglesia apostólica neotestamentaria. Las palabras de Jesús a los apóstoles tienen la misma intención y significado para la iglesia contemporánea. No podemos ser más iglesia que la que escuchó estas palabras por primera vez. La iglesia cristiana en la actualidad no está en mejor posición moral que la iglesia apostólica. Necesitamos demostrar obediencia a las palabras de Jesús *si deseamos un verdadero avivamiento.*

El general William Booth, fundador del Ejército de Salvación, hizo un asombroso análisis perceptivo de las inclinaciones dentro de la iglesia cristiana hacia fines del siglo pasado, y lo expresó así: "El principal peligro de la iglesia para el siglo veinte será promover una religión sin Espíritu Santo; un cristianismo sin Cristo; perdón sin arrepentimiento; un cielo sin infierno." Este hombre no erró en sus análisis. Quién diría que en aproximadamente cien años todos estos puntos que él señaló se estarían poniendo en tela de juicio incluso por la misma iglesia cristiana. Cada uno de estos puntos señalados por el Reverendo Booth se pueden reafirmar en un verdadero avivamiento del Espíritu Santo.

En la introducción del libro de los Hechos se desprenden algunos factores que evidencian la necesidad que existía en los apóstoles de tener a Jesús. La presencia física de Jesús cautivó a los discípulos. Ellos fueron testigos de la proclamación poderosa de la palabra de Jesús. También fueron testigos de las obras milagrosas de Jesús.

En los evangelios se registran ocasiones cuando Jesús les expresa a los discípulos que sin él nada pueden hacer. Esta relación de Jesús y sus discípulos es la que los lleva a desear la presencia prometida en la persona del Espíritu Santo. Jesús les expresa que es menester la crucifixión, el sufrimiento y la partida. Pero ellos no quedarían huérfanos de la presencia de Cristo porque el Espíritu Santo glorificaría a Jesús y daría a conocer las intenciones de Jesús para la iglesia.

> **La gran comisión no es otra cosa que la obra de Cristo llevada a cabo por la iglesia.**

Jesús comisiona a los discípulos a predicar el evangelio. Esta tarea los lleva a hacer la obra de Cristo en la tierra. La gran comisión no es otra cosa que la obra de Cristo llevada a cabo por la iglesia. Pero Jesús no sólo les dice qué van a hacer, sino que los instruye sobre cómo lo deben hacer. Es aquí donde se ubica la participación del Espíritu Santo para cumplir la gran comisión. El derramamiento del Espíritu Santo garantiza que la obra de Cristo se llevará a cabo en forma efectiva y eso es el verdadero avivamiento. Cumplir con la obra de

Cristo en el poder del Espíritu Santo es el verdadero avivamiento.

Hechos 2 nos revela el efecto que tuvo el derramamiento del Espíritu Santo sobre la iglesia naciente. Ese derramamiento fue la investidura prometida por Jesús a los discípulos: la presencia permanente de Dios por medio de su Espíritu Santo para estar con nosotros y en nosotros.

La referencia bíblica de Joel 2:28 mencionada por el apóstol Pedro inició un efecto importante del derramamiento del Espíritu. Las Escrituras toman un nuevo significado con el derramamiento del Espíritu. Los apóstoles, llenos del Espíritu Santo, se convierten en intérpretes de las Escrituras. Esto era algo imposible dentro del contexto judío. Para ser un intérprete de las Escrituras era menester cumplir ciertos requisitos. Los apóstoles llenos del poder de lo alto comenzaron a darle un nuevo significado al Antiguo Testamento. Dicho significado siempre estuvo presente, pero los judíos no veían la verdad de las Escrituras. Ahora con la ayuda del Espíritu proclaman un mensaje ungido y lleno de convicción.

ACTITUD DESPUÉS DEL AVIVAMIENTO

Este derramamiento se convirtió en una experiencia normativa para la iglesia apostólica. Notamos cómo el libro de los Hechos determina qué esperar. El avivamiento provocado por este derramamiento garantizó por lo menos tres áreas fundamentales en el desarrollo de la iglesia y del creyente (Hechos 1:4). Primero, garantiza la presencia activa de Dios, lo que implica la participación de Dios, Jesús y el Espíritu Santo. Con este derramamiento el mensaje de Dios para la iglesia es que Él desea tener una participación activa en la iglesia. Jesús dijo que no nos dejaría huérfanos. Esta presencia activa garantiza la compañía divina en las tareas de la iglesia.

Por eso no nos extraña que Jesús mandara a sus discípulos a no moverse de Jerusalén, sino esperar la promesa del Padre. Una iglesia que está en avivamiento sabe esperar en Dios, porque en sus inicios la iglesia nació esperando la promesa del Padre. El creyente debe dar evidencias de que sabe esperar en Dios.

> **Con este derramamiento el mensaje de Dios para la iglesia es que Él desea tener una participación activa en la iglesia.**

Todo creyente que no ha recibido la promesa del Espíritu Santo debe esperar en Dios, pedirlo y Él se lo dará (Lucas 11:13). Un creyente que enfrenta crisis y situaciones adversas mientras proclama la Palabra y lo sirve, debe esperar en Dios. Esta presencia activa de Dios estará con nosotros para siempre.

Este avivamiento garantiza en segundo lugar una proclamación poderosa de la Palabra de Dios. Ya vimos cómo estos discípulos, sin ningún entrenamiento, proclaman, enseñan, e interpretan las Sagradas Escrituras. No puede haber verdadero avivamiento si no hay proclamación de la Palabra de Dios. Esta proclamación tiene que ser bíblica en contenido, bien explicada y bien aplicada. La proclamación debe ser cristocéntrica. Jesús es la figura principal del Antiguo Testamento, si tenemos el derramamiento del Espíritu Santo en nuestra vida. Las mismas porciones bíblicas, que posiblemente tenían otro significado, ahora apuntan a la figura de Jesús.

La proclamación debe ser pertinente. Pedro en su primer mensaje luego del derramamiento encontró un punto pertinente para aplicar en su mensaje. Él tocó el punto de la crucifixión de Jesús con el pueblo de Jerusalén. Él les mencionó que "vosotros lo crucificasteis". El mensaje fue pertinente para aquel pueblo porque ellos participaron de aquel evento del calvario.

La tentación contemporánea es sustituir la proclamación de la Palabra por charlas que despierten la motivación de la gente, o estrategias de enriquecimiento o métodos sobre cómo tener éxito en la vida. Nada de eso sustituirá la proclamación del evangelio. Si la Palabra de Dios fue poderosa en Génesis 1:1–2 para ordenar un mundo en caos, vacío y desordenado, entonces la proclamación de la Palabra de Dios en la unción y poder del Espíritu Santo puede ordenar al hombre en su estado de pecado, que posiblemente viva de manera desordenada en su matrimonio. La proclamación puede encaminar a un homosexual al orden natural. La Palabra puede ordenar a un joven rebelde, o a un matrimonio quebrantado.

Este avivamiento garantiza en tercer lugar una demostración sobrenatural del poder de Dios (Hechos 2:37–40). La iglesia que encontramos en el libro de los Hechos fue dinámica en su proclamación del Cristo resucitado. Esta presentación de Jesús movía al pueblo a creer en milagros y prodigios. El milagro de las conversiones era maravilloso. El mayor de todos los milagros es el perdón de pecados. Ver a un pecador venir a los pies de Cristo no tiene comparación. No obstante, la manifestación de sanidades y de prodigios complementan la presentación del evangelio de Cristo de una forma maravillosa.

> *Esta presentación de Jesús movía al pueblo a creer en milagros y prodigios.*

Las sanidades de los enfermos causaron gran impacto en la ciudad de Jerusalén. El argumento en contra de la fe fue neutralizado cuando se manifestaron estos milagros y prodigios. La iglesia que cree en un avivamiento permanente no sólo ofrece perdón de pecados en Cristo, sino que el Cristo resucitado induce a los creyentes a llamar a los enfermos y desahuciados para que se sanen.

Es un reto para la iglesia contemporánea modelar la presentación de un Cristo resucitado como lo hizo la iglesia apostólica en el libro de los Hechos. Hoy en día presentamos al Cristo resucitado, pero la presentación no pasa de meras palabras. La presentación del evangelio hoy día se ha convertido en un ejercicio de argumentos buscando convencer al ser humano de que el cristianismo debe ser aceptado.

En la actualidad, el cristianismo no tiene sentido para muchos porque su presentación se asemeja a las presentaciones filosóficas contemporáneas en donde sobresale, entre otras cosas, el fundador, su vida, su ética, etc. La forma en que el cristianismo se propagó por las regiones del Medio Oriente y Asia Menor no fue bajo el patrón de las escuelas filosóficas grecorromanas, sino que los apóstoles, convencidos de la resurrección de Cristo, lo proclamaron con denuedo y se enfrentaron a todo tipo de mal físico y espiritual. Los enfermos, cautivos y poseídos por demonios, eran libertados en el nombre de Jesús.

> *Tiene que haber mayor agresividad en cuanto a orar por los enfermos y libertar a los cautivos de vicios, pasiones y estilos de vida cuestionables.*

La iglesia tiene que recobrar ese sentido de la presencia de Cristo en la proclamación del evangelio. Tiene que haber mayor agresividad en cuanto a orar por los enfermos y libertar a los cautivos de vicios, pasiones y estilos de vida cuestionables. Si deseamos proclamar un *avivamiento permanente* no rechacemos, ni tengamos temor porque es el Cristo resucitado el que todavía tiene toda autoridad en el cielo y en la tierra.

PROGRAMA DE UNA IGLESIA EN AVIVAMIENTO

El derramamiento del Espíritu Santo en Jerusalén estableció un modelo nuevo sobre cómo presentar el reino de Dios. Ahora las calles de Jerusalén se convertían en púlpitos. Los proclamadores eran personas sencillas, con poco conocimiento teológico, y en cuanto a su reputación en la sinagoga, era muy poca. Sin embargo, estos hombre estaban dispuestos a dar su vida por el mensaje predicado. Las casas comenzaban a sustituir a las sinagogas como lugares de reunión. Existía un deseo por compartir cada cual lo suyo y no poner mucha atención a los aspectos materiales.

> *Podemos suplir fortaleza y estímulo los unos a los otros cuando perseveramos en la comunión.*

En Hechos 2:42 encontramos un modelo de lo que la iglesia de Jerusalén tenía como práctica de discipulado con los creyentes. Estos perseveraban en la doctrina de los apóstoles. Esto habla de enseñanza de las Sagradas Escrituras. La razón por la cual esto es importante es porque esta iglesia se convirtió en modelo para todas las otras regiones. La Palabra compartida era fundamental en la vida interna de esta iglesia. Se nos declara en estos versículos que también perseveraban en la comunión de los santos. Estos creyentes buscaban oportunidades para reunirse. La vida de comunión entre los creyentes es vital para todo *avivamiento permanente*. Era importante para los apóstoles mantener a este grupo de creyentes juntos. Cuando se está junto en el cuerpo de Cristo existen oportunidades de crecimiento para todos. Tenemos la mayor de las oportunidades para ver cuáles son las necesidades de otros. Podemos suplir fortaleza y estímulo los unos a los otros cuando perseveramos en la comunión.

El pasaje bíblico señala que perseveraban en el partimiento del pan. Desde el principio de la iglesia cristiana compartir el pan o la cena del Señor fue algo establecido por los apóstoles. Existía un recordatorio de la muerte del Señor pero una esperanza de su venida. Toda iglesia cristiana que desea seguir el patrón del libro de los Hechos debe practicar y celebrar el partimiento del pan o la cena del Señor. Esto le hará bien a la congregación. Cuando el pueblo participa en el culto de los elementos del pan y el vino, se le ofrece la oportunidad de examinarse espiritualmente y de poner en orden su vida con Dios en ese momento.

Un aspecto señalado por este versículo es que la oración era fundamental en la vida de ese avivamiento de Jerusalén. No sólo se oraba en el templo sino en los hogares. La oración individual y la oración grupal era lo que mantenía la llama del avivamiento encendida. Es interesante observar que muchos desean un avivamiento, pero no oran. Muchos desean sanidades, pero no oran. Muchos desean conversiones masivas y la transformación de todo un pueblo, pero no oran. El texto dice que perseveraban en las oraciones. El *verdadero avivamiento se sostendrá siempre con oración.*

En Hechos 2:46-47 se habla de tener comunión en el templo y en las casas. Existía una combinación de compañerismo que no se limitaba al templo solamente, sino a las casas. El testimonio era tanto dentro del templo como fuera del templo. Este elemento es fundamental para mantener un *avivamiento permanente.* En el templo era fácil mantener cierta religiosidad que pudiera aparentar rectitud, santidad, etc. Pero el testimonio de las casas era diferente. En la comunidad conocían a cada uno como lo que realmente era. Este principio es de suma importancia en la iglesia de hoy.

El avivamiento de Jerusalén 61

Este avivamiento de Jerusalén por el Espíritu Santo liberó una expresión de alabanza y adoración por parte del pueblo que fue señalado por el autor del pasaje (Hechos 2:47). Es decir que la experiencia del Espíritu inicia una expresión espontánea de alabanzas en todos los creyentes. Era algo nunca visto. Personas, que en otras ocasiones se limitaban al templo, o a lo más formal del culto judío, ahora expresaban alabanzas, alegría y espontaneidad en su experiencia con Dios.

Uno de los beneficios de este avivamiento de Jerusalén fue que el grupo de creyentes halló gracia con el pueblo. Es decir que este nuevo grupo de discípulos encontró favor con la gente. El pueblo los apoyaba en su experiencia nueva. En un avivamiento es importante encontrar paz y armonía con los inconversos. A veces se piensa que el avivamiento verdadero siempre tiene que provocar rechazo, persecución, o repudio por parte de los inconversos. Este no fue el caso del avivamiento de Jerusalén excepto con los líderes religiosos de alta jerarquía judía. Este grupo de nuevos creyentes hallaron gracia con el pueblo y obviamente esto ayudó a propagar más el evangelio.

> *La oración individual y la oración grupal era lo que mantenía la llama del avivamiento encendida.*

El otro asunto de gran importancia que señala este pasaje bíblico es el hecho de que el Señor añadía todos los días los que habían de ser salvos. Este avivamiento veía almas salvadas todos los días. Los apóstoles presentaban el evangelio todos los días. Es decir que todos los días había un empeño por compartir la fe de Cristo en todos los rincones de la ciudad.

> ## *Este avivamiento veía almas salvadas todos los días.*

Un verdadero avivamiento demuestra evidencias de conversiones. Puede haber milagros y prodigios pero tiene que haber conversiones de almas. Esta parte no tiene sustitución en ninguna gestión que haga la iglesia verdadera de Cristo. ¿Cuánto hace que no ve nuevas almas convertirse a Cristo en su iglesia, o en campañas evangelísticas, o por los casas? Los líderes tienen que tomar tiempo para reflexionar en este punto y provocar un esfuerzo en este tiempo final de la iglesia para que haya más conversiones y se pueda decir que en nuestra iglesia contemporánea "el Señor añadía a la iglesia todos los que habían de ser salvos" (Hechos 2:47).

7
El avivamiento de Samaria

AVIVAMIENTO CON OBJETIVOS Y PROPÓSITOS DEFINIDOS

El contexto del avivamiento de Samaria se encuentra en el capítulo ocho del libro de los Hechos. Hay que entender que ya para el capítulo ocho han surgido situaciones que tendrán un efecto de persecución en la iglesia apostólica de Jerusalén. La cantidad de creyentes ya está cerca de las ocho mil personas. Ha habido encuentros entre los líderes de la iglesia y los líderes religiosos sobre la predicación en el nombre de Jesús. El apóstol Pedro ha tenido que declarar que es menester obedecer a Dios antes que a los hombres. Esto, en palabras simples, es una forma de decir: "Nosotros vamos a continuar con nuestro compromiso de predicar, enseñar y ministrar a los enfermos en el nombre de Jesús."

El otro factor que juega un papel importante es la participación de un personaje llamado Saulo de Tarso. Esta persona era un judío de la clase más estricta, con un trasfondo de educación religiosa de gran calidad. Su celo por la religión judía lo llevó a perseguir la iglesia de Jerusalén, incluso consentir en la muerte de Esteban (Hechos 8:1). El texto declara que toda la iglesia fue esparcida por las tierras de Judea y de Samaria.

Lo positivo de la iglesia de Jerusalén era que ya existía cierta organización con un plan de discipulado el cual garantizaría una continuidad en el desarrollo de la iglesia. La iglesia se vio obligada a escoger creyentes con cualidades específicas para ayudar en las tareas de servicio dentro del cuerpo (Hechos 6:1–6). Dentro de ese grupo de hombres escogidos se encuentra el promotor del avivamiento de Samaria, Felipe.

El avivamiento de Samaria persiguió un objetivo definido. Continuó con cierto patrón ya establecido por la iglesia de Jerusalén. Todos los que fueron esparcidos iban por todas partes anunciando la Palabra. Notamos cierta estructura dentro del avivamiento de Samaria. Primero, Felipe centró su mensaje en Cristo. La predicación era cristocéntrica. La figura de Cristo tiene que ser central *si se desea un avivamiento permanente*. El objetivo de este avivamiento era proclamar a Cristo. No buscaba otra cosa que no fuera levantar la figura de Cristo.

> **La figura de Cristo tiene que ser central si se desea un avivamiento permanente.**

No puede haber avivamiento sin ese objetivo. No habrá avivamiento si la predicación de la Palabra no está centralizada en Cristo. Hoy día vemos a mucha gente tratando de promover avivamientos hablando de muchos temas, de todo menos la figura de Cristo. Si se menciona a Cristo en alguna predicación se hace para ilustrar algún punto pero no como la esencia de ese mensaje. Si hoy día no hay grandes avivamientos ocurriendo en nuestras comunidades es porque cada día se está predicando menos a Cristo. Esto contrasta con la realidad de que hoy tenemos más medios de comunicación masiva que en cualquier otro período de la historia de la iglesia cristiana. Felipe se mantuvo enfocado en el mensaje sobre la figura de Cristo. Si los objetivos de los movimientos y los avivamientos contemporáneos se centralizan en otras cosas y no en la predicación de Cristo tales movimientos no tendrán un efecto positivo ni duradero en ningún lugar del mundo. Se puede estar buscando fama o el hacerse un nombre tanto para un individuo como para una organización, y ese no es el objetivo de un avivamiento.

AVIVAMIENTO EVIDENCIADO POR EL PODER DE DIOS

Otro de los factores de este avivamiento de Samaria estaba en la demostración de señales por parte de Felipe. Es interesante que el texto dice que el pueblo oía y veía las señales que Felipe hacía. La combinación de oír y ver es evidente en el avivamiento de Samaria. Se tiene que oír la Palabra para que se puedan ver señales. En los avivamientos que se están tratando de provocar no estamos escuchando lo esencial para que podamos ver lo sobrenatural. Lo que escuchamos no está provocando mucho. El pueblo notó que las palabras y la demostración iban de la mano.

Se habla de muchos que tenían espíritus inmundos y fueron liberados. ¿Será que hoy en día no hay espíritus inmundos en la gente? La realidad de la vida actual es que hoy existe más maldad y más personas dominadas por espíritus inmundos que en tiempos pasados. El momento es el apropiado para una iglesia que, como Felipe, desee proclamar a Cristo. Solamente tiene que haber una buena combinación entre lo que se dice y lo que se ve. Si usted no da lugar a que haya demostración del poder de Dios nunca lo habrá. Después de la proclamación de la Palabra, brinde la oportunidad de orar por los enfermos y los cautivos. Separe tiempo para llamar al altar a aquellos que están necesitados. No promueva un avivamiento teniendo prisa porque nunca ha funcionado. A la gente hay que permitirle responder a la Palabra.

No puede haber demostración del poder sin proclamación de la Palabra. Ese es otro error que la iglesia contemporánea comete. Conozco evangelistas que con frecuencia dicen: "Hoy no vamos a predicar, sólo vamos a ministrar sanidades y milagros." Por esto no queremos decir que Dios no sea soberano como para obrar milagros conforme a su voluntad. Lo que vemos es una rutina de no exponer la Palabra de Dios antes de orar por los enfermos y necesitados. En el avivamiento de Samaria el pueblo oía y veía. ¡Qué bueno sería si mantuviéramos esa combinación intacta!

> *El momento es el apropiado para una iglesia que, como Felipe, desee proclamar a Cristo.*

Hace unos años atrás, junto a una agrupación musical a la que yo pertenecía, predicábamos en una iglesia sobre Pedro y Juan y la sanidad del cojo en la puerta la Hermosa. La iglesia estaba totalmente llena hasta el punto que hubo que colocar sillas en el pasillo central del templo. Mientras predicaba llegué al momento cuando Pedro le dijo al cojo: "No tengo oro ni plata, mas lo que tengo te doy; en el nombre de Jesucristo levántate y anda." Mi enfoque en el mensaje era que los milagros ocurren cuando actuamos en obediencia a la Palabra de Dios. Quise explicar a la congregación que luego que Pedro dijo aquellas palabras, lo tomó por la mano derecha, lo levantó y luego fueron afirmados sus pies y tobillos. En ese momento lo que yo deseaba explicar era que luego de oír la Palabra hay que actuar en la Palabra.

En ese momento yo me bajé del altar acercándome a donde estaba la congregación y me dirigí a la persona más cercana a mí. Era una señora que estaba sentada en lo que parecía ser una silla y estaba cubierta con unas mantas. Le dije a la señora: "Déme la mano porque deseo demostrar cómo Pedro

El avivamiento de Samaria 67

lo hizo." Ella me dio la mano y yo le dije: "En el nombre de Jesucristo levántese y ande", y para mi sorpresa la señora estaba sentada en una silla de ruedas. Con mucho dolor en su rostro se levantó de la silla, se puso las manos en las rodillas y poco a poco comenzó a caminar y mientras más caminaba se iba enderezando más. Aquel lugar fue movido por el poder de Dios de una manera extraordinaria. La gente al ver aquel milagro comenzó a llegar al altar para dedicar su vida al Señor. Hay que predicar a Cristo, y luego demostrar el poder de Cristo.

> *Hay que predicar a Cristo, y luego demostrar el poder de Cristo.*

AVIVAMIENTO CON BENEFICIOS A LA COMUNIDAD

¿Cuál es el efecto de un avivamiento en la comunidad en que vivimos? Contestar esta pregunta es casi reflexionar sobre la teología implícita de cada uno sobre evangelismo. Hay un sector de las iglesias pentecostales que entienden que un avivamiento debe provocar siempre algún tipo de persecución o reacción contraria. En ocasiones el mensaje predicado por estos grupos ya va con esa intención de provocar a los oyentes inconversos para que reaccionen y tomen alguna posición de defensa.

También existen otros grupos de avivamiento que persiguen el darse a conocer en su comunidad. Todas las cruzadas o campañas de tipo evangelísticas por este otro grupo persiguen el fin de promover la organización o la iglesia anfitriona. La movilización para alcanzar esta meta es grande y se invierte mucho dinero para lograr ese fin. En ocasiones se hacen paradas o marchas en donde se traen diferentes grupos musicales o de interés a los niños etc. Todo esto se puede hacer sin violentar los fines y propósitos de la iglesia del Señor.

El libro de los Hechos nos dice que el avivamiento de Samaria provocó gran gozo en aquella ciudad. El efecto de esta cruzada por Felipe provocó lo que no había en Samaria. La ciudad se sintió libre de todas las opresiones diabólicas que la gobernaban. El contexto dice que eran muchos los espíritus inmundos que salían de los samaritanos. En las regiones de Samaria la gente practicaba el judaísmo con ciertas variantes. Ellos no aceptaban todo el Antiguo Testamento, sino solamente los primeros cinco libros (el Pentateuco). Esta gente vivía marginada y rechazada por los judíos religiosos.

Este avivamiento de Samaria dejó un efecto de gozo en el pueblo. Es decir que el pueblo pudo darse cuenta de que lo que estaba sucediendo iba dejando un efecto positivo en el pueblo. Un verdadero avivamiento debe dejar un efecto positivo en el pueblo.

En párrafos anteriores mencionamos que en el avivamiento de Jerusalén los apóstoles hallaron gracia con el pueblo (Hechos 2:47); aunque más adelante los dirigentes se tornaron en persecución contra ellos. Este avivamiento de Samaria estaba dando un testimonio en aquel pueblo.

> *Un verdadero avivamiento debe dejar un efecto positivo en el pueblo.*

¿Qué efectos está dejando la iglesia en las comunidades en las que está trabajando? Es importante notar que este efecto en Samaria fue producto de un movimiento sobrenatural del poder de Dios. Cuando ocurre un genuino movimiento del poder de Dios es probable que aun los inconversos admitan la bendición de esa presencia en sus comunidades. El orar por los enfermos en hogares de personas inconversas puede tener un efecto grande en una comunidad.

En la iglesia que yo pastoreaba en un pueblo llamado Ponce, en Puerto Rico, había un hombre con una enfermedad que lo llevó al hospital de emergencia. Este hombre era un agente de alto rango en la policía estatal; trabajaba como agente secreto. Su esposa era creyente junto con sus tres hijos. Por muchos años fue difícil hablarle del evangelio a este hombre. Su vida de libertinaje hizo sufrir mucho a su familia. Pero en su estadía en el hospital fue tocado por Dios y aceptó a Cristo. Como resultado de lo que Dios hizo en él, parte de su familia aceptó a Cristo como Salvador personal. Un verdadero avivamiento debe traer efectos positivos en la comunidad.

> *La victoria de una iglesia en avivamiento está garantizada en el que nos envió.*

La iglesia debe estar segura de que es el Cristo resucitado el que nos envía a hacer la obra de evangelización. La victoria de una iglesia en avivamiento está garantizada en el que nos envió. No dependemos de nosotros para traer beneficios al pueblo, dependemos de Jesucristo que es el que tiene poder para provocar gozo aun en las comunidades dominadas por el enemigo.

Estos tres elementos: avivamiento con objetivos y propósitos definidos, avivamiento evidenciado por el poder de Dios, y avivamiento con beneficios a la comunidad, son los que se vieron amenazados en Samaria.

8
Pero había un hombre llamado Simón...

Todo avivamiento se ha visto amenazado en algún momento de la historia de la iglesia cristiana. El avivamiento de Jerusalén, el cual sirvió de modelo para las demás iglesias de Asia Menor y las regiones del Medio Oriente, se vio amenazado por el celo religioso de los judaizantes. Este factor es lo que hizo que la iglesia se dispersara por todas las regiones de Judea y Samaria.

Ahora es el avivamiento de Samaria el que será amenazado. Todo marchaba en victoria. Felipe era usado por Dios de manera sobrenatural. El pueblo se convertía al Señor Jesucristo. Realmente era una escena de la grandeza de Dios y un pueblo transformado por el poder de Dios. Pero algo sucedió. El Pentecostés de Samaria comenzó a arraigarse. La tónica del texto cambia (Hechos 8:9). El registro bíblico nos permite comentar que la intención del Espíritu Santo en este versículo es que veamos la diferencia y entendamos que sucedió algo de suma importancia muy diferente a lo que se estaba reportando.

"Pero había un hombre llamado Simón..." Este hombre practicaba la magia en Samaria. Era un personaje conocido en aquella región. Las Escrituras nos dicen que Simón engañaba al pueblo. Se puede decir que era un personaje popular en la comunidad. Su trabajo era el confundir con magia y engaño a todo el pueblo. Se dice que se hacía pasar por alguien grande. Simón, el mago, había logrado engañar a los niños y a los ancianos.

Pero hay algo que no se puede pasar por alto, y que se relata en el registro bíblico. Es la motivación que impulsaba a Simón a hacer lo que hacía (Hechos 8:10). Simón se sentía motivado al hacerle creer a los demás que él era un enviado de Dios. La gente decía que Simón contaba con el gran poder de Dios.

Todo avivamiento tiene que prepararse para enfrentar los retos que se presentan. No toda conversión, no toda manifestación, no todo lo que sucede en un avivamiento se puede aceptar como genuino o como de Dios. Hay que tener discernimiento para conocer los espíritus que se manifiestan en avivamientos o grandes movimientos de Dios.

> *No toda conversión, no toda manifestación, no todo lo que sucede en un avivamiento se puede aceptar como genuino o como de Dios.*

La razón de esto es porque sabemos que Satanás es un engañador y dentro de sus intenciones está confundir a la raza humana. Una de las maneras de hacerlo es viendo la forma de entrometerse en los avivamientos y grandes movimientos de Dios con gente que aparentan ser genuinos pero que en realidad son impostores.

CONVERSIONES GENUINAS

Este pasaje bíblico en Hechos 8 tiene un mensaje de suma importancia para el momento que estamos viviendo en la iglesia de avivamiento. Todo avivamiento se verá amenazado si no hay conversiones genuinas como producto de la evangelización. Me parece que en la actualidad existe un resurgir del tipo de creyente que representó Simón el mago en el avivamiento de Samaria.

El relato bíblico nos dice que cuando el pueblo de Samaria, o sea el público de Simón el mago le creyó a Felipe, entonces también creyó Simón (Hechos 8:12-13). Cuando Simón se enfrentó a la realidad de que por la demostración del poder de Dios en Samaria la gente empezó a convertirse a Jesucristo, no vio otra alternativa mas que creer él mismo. La estructura gramatical del texto enfatiza que lo que motivó a Simón a creer fue la ausencia de público. Simón formó parte del grupo de creyentes, pero luego se descubrieron sus motivaciones reales.

¿Qué produce una conversión genuina? Todo ministro, más que buscar números y tener la iglesia más grande en este tiempo, debe procurar ser responsable con Dios y su Palabra. Su mensaje debe llevar a todo pecador a un arrepentimiento de pecado. En ocasiones se invita a la gente al altar y muchos de ellos no saben para qué están allí. Otros van porque les dijeron que si se acercaban a Dios, Él los iba a bendecir o prosperar. Alguien tiene que decirles que vienen a arrepentirse de sus pecados. Una conversión genuina la produce un mensaje de arrepentimiento. Pero como ahora los nuevos ministros no quieren ser negativos ni se desea que la gente se sienta mal, hay que disfrazar los llamados para que los que pasan al altar no sepan que vinieron a aceptar a Cristo.

La conversión es el producto de un verdadero arrepentimiento y *un verdadero arrepentimiento es lo que sostiene un verdadero avivamiento*. Pedro en su primer mensaje en Jerusalén finaliza con una invitación al arrepentimiento (Hechos 2:38). Su mensaje no sólo exige arrepentimiento sino que hace de esto una condición para recibir el Espíritu Santo.

Si algo tenemos que hacer los que tenemos la predicación como vocación y llamado es llevar a los pecadores al arrepentimiento. El hecho de que en nuestro contexto haya un gran avance evangelístico y un gran porcentaje del país sea evangélico o creyente no significa que esa es la realidad de todo el mundo.

> **Hay que tener discernimiento para conocer los espíritus que se manifiestan en avivamientos o grandes movimientos de Dios.**

Hoy día tenemos predicadores que no están cumpliendo con el voto ministerial de predicar a Cristo. Se están predicando temas que están lejos de provocar arrepentimiento en los oyentes. El avivamiento que sólo se sostiene por conversiones genuinas siempre se verá amenazado cuando los temas modernos sustituyen al mensaje de Cristo.

Tomemos por ejemplo un mensaje cuyo tema central sea la automotivación. Si el mensaje en un púlpito de una iglesia se centraliza en enseñar técnicas para la automotivación, pero no persigue llevar a esas personas a un encuentro con Dios el resultado será pecadores motivados o inconversos llenos de motivación pero tan perdidos como cuando se sentaron a escuchar el mensaje.

Si desde el púlpito de una iglesia se promueve la obsesión materialista de nuestra cultura, el resultado será una congregación de personas que no se han arrepentido de sus pecados. Al contrario le sembrarán el deseo de acumular riquezas de lo cual claramente habló Jesús. Este tipo de mensaje alimenta la ambición y el egoísmo en todo ser humano y ese pecado destruirá al mundo entero. La ambición de ser rico o poseer bienes es tan antigua como la misma humanidad. Cuando los predicadores de la "super fe" mueven esas cuerdas internas en todo ser humano y disfrazan el evangelio de una "ambición materialista," el fin no es llevar a las personas al calvario sino a un exhibidor en la parte de atrás de sus iglesias para que entren en negocios turbios, como las ventas en pirámide. Muchos de estos predicadores están en organizaciones de venta en cadena y han llevado a toda una congregación a entrar en iguales tipos de negocios. Ellos, como pastores y líderes, se colocan en la cabeza de estos negocios recibiendo ingresos de todos los que quedan en los niveles debajo de ellos. Usan las predicaciones para sembrar falsas expectativas y provocar a los miembros a que entren en negocios de esta categoría.

> *Si ... se promueve la obsesión materialista de nuestra cultura, el resultado será una congregación de personas que no se han arrepentido ...*

El avivamiento se verá amenazado con estos "Simones" modernos. Dentro de las tácticas que en ocasiones vemos a través de la televisión es el de jugar a los números con Dios. Es como jugar a una especie de lotería con Dios. Se les predica a los feligreses que si ellos dan cierta cantidad de dinero, Dios le ha de dar esa misma cantidad multiplicada.

Todos conocemos lo que la Biblia enseña sobre la verdadera prosperidad y la verdadera mayordomía. Enseñamos lo que Dios declara en su Palabra sobre el serle fiel con nuestros diezmos y ofrendas. Pero la obsesión materialista de nuestra cultura lamentablemente se ha convertido en uno de los puntos importantes de la predicación en púlpitos evangélicos.

Pastores, ministros, líderes, evangelistas, ¡provoquemos conversiones genuinas! ¡Llevemos a nuestros pueblos a los pies de Cristo y no a los de Mamón! Tengamos claro, que cuando los invitamos al altar es para que tengan un encuentro con Dios, y no con los dioses de este siglo. Tengamos cuidado con los Simones de estos tiempos que cuando fracasan y no les queda público entonces pretenden conseguirlo en la casa de Dios.

UN DISCIPULADO EFECTIVO

Si algo existía en la iglesia apostólica de Jerusalén era un gran sistema de discipulado para los convertidos. Esto se evidencia en Hechos 2:42, donde se menciona que los creyentes perseveraban en varias áreas como lo eran la doctrina, la comunión con los santos, el partimiento del pan y las oraciones. Aunque cada uno de estos elementos son vitales para el buen desarrollo del creyente, el énfasis del texto está en la perseverancia.

La perseverancia en estas áreas mencionadas fue la clave para que esta iglesia de Jerusalén sirviera como modelo excelente y enviara grandes líderes. Pero la perseverancia habla del carácter que se iba desarrollando en aquella iglesia naciente. Perseverar es una actitud en el creyente. Esto habla de disciplina en cuanto a elementos esenciales para la vida de un creyente. No es cambiar, ni entretener otras cosas que no fueran las esenciales.

> *La amenaza sufrida en Samaria se debe en gran parte a la falta de perseverancia.*

El texto dice que perseveraban en la doctrina, en la comunión con los santos, en el partimiento del pan, y en las oraciones. Es decir que la iglesia de Jerusalén no contemplaba cambiar por ninguna otra estrategia estos elementos de disciplina práctica, vitales para el carácter cristiano. ¿Por qué es importante la perseverancia en estas áreas? ¿Cuál sería el efecto si se descuidara esta práctica? La contestación de esta pregunta es lo que nos lleva a estudiar el avivamiento de Samaria. La amenaza sufrida en Samaria se debe en gran parte a la falta de perseverancia.

Simón el mago se convierte cuando ve que todo el pueblo se ha convertido. Luego se bautiza y comienza a seguir a Felipe, antes diácono y ahora evangelista. El asunto de seguir a Felipe el evangelista en sus campañas, cuando todavía en Samaria no hay apóstoles, ni maestros para enseñar a los creyentes, es uno de los factores que provoca la crisis del avivamiento de Samaria.

El llamado del evangelista es predicar a las almas y ganarlas para el reino. El ser un instrumento en las manos de Dios demostrando el poder de Dios fue lo que Felipe llevó a cabo en Samaria. No se menciona que en Samaria había un sistema de enseñanzas doctrinales para que fundamentaran el avivamiento.

Simón el mago seguía a Felipe siempre (Hechos 8:13). El texto declara que Simón estaba atónito con las señales que hacía Felipe. Sabemos que Simón era un experto engañador de masas. Ahora se enfrenta a un hombre como Felipe que hace milagros en el nombre de Jesucristo. Esto lo cautiva y lo motiva a seguir a Felipe.

Fueron obviamente los milagros y prodigios que hacía Felipe lo que movió a este nuevo convertido a seguirlo. ¿Son estos motivos saludables para seguir a un líder espiritual? Los líderes, pastores, ministros, evangelistas, y demás, debemos tener cuidado con aquellos que desean estar siempre con nosotros. En esto tenemos que tener discernimiento para saber quiénes realmente están con nosotros por las razones correctas. Permitirles a ciertas personas que no se han probado en el caminar de la fe que se nos acerquen es casi arriesgarse en el plano personal de un ministro y pondría a riesgo el ministerio.

¿Qué beneficio existe en perseverar en la doctrina de los apóstoles? ¿Qué beneficio tendría para Simón el mago? En la doctrina de los apóstoles se incluía enseñar sobre la persona de Jesucristo, su misión, su muerte y resurreción, y su inminente retorno a buscar la iglesia. Estas enseñanzas venían acompañadas de una nueva interpretación de las Sagradas Escrituras. La persona de Jesucristo obligaba a interpretar el Antiguo Testamento desde una nueva óptica.

Enseñar sobre Jesucristo significaría para Simón el mago el señorío de Cristo en su vida personal. Es decir que Simón tendría que aprender a someterse a la obediencia a Cristo y sus palabras. Esto implicaba rendirse él mismo y todo lo que él poseía. En esta doctrina era importante enseñar a los convertidos que Jesucristo había resucitado de entre los muertos y que el poder que manifestaba la iglesia era el poder de Cristo en la persona del Espíritu Santo.

La doctrina de los apóstoles incluía también la enseñanza sobre el bautismo en el Espíritu Santo. Es decir, se enseñó sobre la necesidad de esta nueva experiencia en la vida del creyente así como también la realidad de los dones del Espíritu Santo manifestados en el cuerpo de Cristo.

Una de las debilidades que Simón manifestó precisamente fue desconocer los criterios para recibir el bautismo en el Espíritu Santo. Esto se ve cuando Simón le dice a Pedro: "Dame a mí de ese poder para que a cualquiera a quien yo imponga mis manos reciba el poder del Espíritu Santo" (Hechos 8:19).

> *Una de las debilidades que Simón manifestó precisamente fue desconocer los criterios para recibir el bautismo en el Espíritu Santo.*

Un verdadero avivamiento necesita que los creyentes perseveren en las doctrinas de la Palabra de Dios. Cualquier convertido que entienda que su experiencia de conversión es lo único que se necesita, y desconoce las doctrinas fundamentales puede poner a riesgo cualquier movimiento o avivamiento. Si una iglesia está experimentando avivamiento, la permanencia del avivamiento dependerá de que los miembros de esa iglesia tengan un buen fundamento en la doctrina.

¿Cómo beneficiaría a Simón perseverar en la comunión de los santos? Sólo en el núcleo de la iglesia Simón el mago tendría la oportunidad de disipar sus dudas y recibir el apoyo y la ayuda de los demás miembros de la iglesia. Perseverar en la comunión de los santos mantiene a todo creyente en el mismo nivel. Nadie es tan importante como para decir que no le hace falta reunirse en su congregación. En la reunión de los santos tanto grandes como pequeños son iguales en la presencia del Señor.

En mi experiencia como superintendente de las Asambleas de Dios en Puerto Rico me he dado cuenta de que, en ciertas ocasiones, hay gente que se acerca a uno creyendo que el estar cerca de uno los exime y los protege de cumplir con los requisitos que exige la organización. Simón el mago pensó que al estar siempre con Felipe se lo eximiría de cumplir con los demás requisitos del discipulado.

¿Qué de perseverar en el partimiento del pan por las casas? Esto habla de compartir la cena del Señor con los demás creyentes. Esta experiencia es necesaria en toda congregación que desea crecer saludablemente. Perseverar en esta doctrina habla de reflexionar en la muerte de Cristo y la promesa de su venida. Esto era importante para Simón. El partir el pan con los mismos creyentes a los que antes engañaba era importante para su propio beneficio. Simón el mago tenía que sentarse y compartir con las mismas personas a las que antes había defraudado y engañado. La experiencia de partir el pan con los creyentes tendría un efecto en su ser interno. Esta dinámica obligaba a todos los creyentes a compartir con personas sin importar la clase social o el trasfondo familiar que tuvieran. El beneficio está en sentarse y confraternizar con los hermanos en la fe.

La perseverancia en la oración era también un factor importante necesaria en la vida de Simón el mago. Una iglesia que persevera en la oración entra en una intimidad con Dios de manera tal que su interés cambia para hacer lo que Dios desea que hagamos. Lo que Simón desea y lo que le pide a Pedro nos revela que desconocía la importancia de la oración. La promesa del Espíritu Santo le vino a la iglesia cuando la iglesia obedeció a Jesús. La oración en el aposento alto fue un factor esencial. Jesús les dijo a los discípulos que el Padre estaba dispuesto a dar el Espíritu Santo a los que se lo pidieran (Lucas 11:13).

> *Una iglesia que persevera en la oración entra en una intimidad con Dios de manera tal que su interés cambia para hacer lo que Dios desea que hagamos.*

Cuando Simón le expresa a Pedro que le diera del poder de Dios para que a cualquiera a quien él le impusiera las manos lo recibiese, estaba dejando en claro que no había perseverado en la oración. Su petición determina que él no lo había recibido. Además expresa que no conoce cómo se debía recibir, siendo que no sabía que era menester pedirlo al Padre. Perseverar en la oración hubiera disipado la confusión de Simón.

9

Avivamientos y ministerios auténticos

SUMISIÓN Y AVIVAMIENTO

El relato bíblico nos dice que cuando los apóstoles oyeron que Samaria había recibido la Palabra de Dios, enviaron a Pedro y a Juan con el propósito específico de que oraran para que recibiesen el Espíritu Santo (Hechos 8:14-15). Los creyentes de Samaria solamente habían recibido el bautismo en agua. Ahora la tarea de ministrar el bautismo del Espíritu Santo les correspondía a Pedro y a Juan. Estos cumplieron su misión; imponían las manos y los samaritanos recibían el Espíritu Santo.

Esta parte de la historia es de suma importancia para lo que se desarrollaría más adelante. En estos versículos vemos cómo sobresale la sumisión de Felipe. *La sumisión es otro de los factores necesarios para que haya un avivamiento permanente.* La actitud de Felipe en reconocer su lugar comparado con el lugar de los apóstoles fue fundamental en Samaria. Este evangelista dio testimonio de que su misión era predicar el evangelio. Su trabajo fue llevar la palabra de Cristo en prodigios y señales. No vemos a Felipe ministrando el bautismo en el Espíritu Santo a los creyentes de Samaria. Él esperó a que vinieran los líderes de Jerusalén.

Se puede imaginar usted lo que hubiese sucedido con el avivamiento de Samaria si Felipe le hubiese reclamado a

Pedro y a Juan que aquel movimiento en Samaria había surgido por su esfuerzo y sacrificio, y que por lo tanto, él lo iba a terminar sin la ayuda de nadie. Felipe pudo haber dicho: "Pedro y Juan, ustedes se quedaron cómodos en Jerusalén, y yo lo dejé todo por venir a Samaria. Ustedes no estaban visitando ni trabajando en este lugar. Este avivamiento lo comencé yo, y por lo tanto, yo lo voy a dirigir porque creo que es mi derecho."

> *La sumisión es otro de los factores necesarios para que haya un avivamiento permanente.*

¡Qué falta hace en nuestra época gente con el espíritu de Felipe! Hoy se desafía abiertamente la autoridad eclesiástica sin ningún sentido de responsabilidad al cuerpo de Cristo. Hay ministros que confunden el ser usados por Dios y creen que eso les da el derecho para desafiar toda autoridad eclesiástica. Felipe dio testimonio de que pertenecía a un cuerpo y que su obediencia a ese cuerpo era vital.

La gran mayoría de los escándalos eclesiásticos, incluyendo los últimos que sacudieron unos años atrás al mundo entero, fueron en esta línea de sumisión. Una cosa fueron los méritos de los escándalos, otra cosa fue el espíritu de soberbia de no someterse a ninguna autoridad para permitirle al cuerpo de Cristo restaurarse. Esta actitud de falta de sumisión pondrá siempre en riesgo todo avivamiento.

En estos tiempos finales el cuerpo de Cristo debe reconocer la importancia del respeto y la consideración que se debe a cada ministro por igual. Hoy día existen miles de organizaciones eclesiásticas cuyo fin y propósito es el mismo: la salvación de las almas. Pero notamos lo lejos que estamos de una actitud como la de Felipe. Muchos piensan que si su ministerio ha logrado resultados espirituales excelentes, tienen el derecho de separarse de su denominación, concilio o movimiento y reclamar para sí, o establecerse como dueños de la obra que se ha desarrollado.

La amenaza moderna al avivamiento está en el rechazo a la autoridad por parte de los creyentes modernos. Hoy vemos como cualquier persona toma una doctrina, y sin procesarla debidamente a través del cuerpo de Cristo, la presenta sin considerar qué efectos o daños puede tener en la iglesia. Estas actitudes están muy lejos de las de Felipe en Samaria.

> *La amenaza moderna al avivamiento está en el rechazo a la autoridad por parte de los creyentes modernos.*

Hoy vemos cómo los pastores desean tener una iglesia diferente y este sentir los lleva a buscar lo nuevo en el mercado de ideas eclesiásticas que vemos alrededor del mundo. Hoy vemos iglesias pentecostales o carismáticas incorporando prácticas que están lejos de la experiencia con el Espíritu Santo.

Los daños más grandes que se han hecho a la iglesia a través de su historia han llegado por medio de teólogos desconectados del cuerpo de Cristo. Estos no han tenido sentido de pertenencia en el cuerpo de Cristo y han propuesto sus ideas sin haberlas dado al cuerpo para su análisis y debida aceptación. Este ejemplo lo vemos cuando la iglesia de Jerusalén convoca a sus ministros para resolver sus asuntos.

La sumisión de Felipe hace que las prioridades doctrinales de la iglesia vuelvan a su lugar en Samaria. Si ese evangelista hubiera asumido una actitud como la que vemos en tiempos modernos, ese avivamiento habría fracasado. Los dos elementos doctrinales que sobresalen en la dinámica utilizada por Felipe, Pedro y Juan fueron: la salvación de los samaritanos y el bautismo en el Espíritu Santo de estos. Si Felipe hubiese retado a Pedro y a Juan, el asunto habría sido otro, y no se hubiera cumplido con el propósito del avivamiento.

MINISTERIOS AUTÉNTICOS

Otro elemento vital que puede amenazar a un avivamiento lo constituyen los motivos inadecuados en el ministerio. Para que haya un avivamiento permanente tiene que haber ministerios auténticos. La amenaza tocó las puertas de Samaria cuando se descubrieron los motivos de este nuevo discípulo y aspirante a ministro. Los motivos impropios de Simón el mago lo hacen llegar al punto de desafiar al mismo Espíritu Santo y el orden establecido por este.

> *Otro elemento vital que puede amenazar a un avivamiento lo constituyen los motivos inadecuados en el ministerio.*

Cuando Simón vio que por la imposición de las manos de los apóstoles se recibía el Espíritu Santo, les ofreció dinero (Hechos 8:18). Lo atractivo para Simón no era el efecto del Espíritu Santo en los creyentes sino la imposición de las manos. Lo cautivó ver las manos de Pedro tocando a los creyentes y éstos recibir el bautismo. Simón estaba acostumbrado a usar sus manos para engañar a las multitudes. Sus manos fueron instrumentos de fascinación para grandes y pequeños. Ahora él ve que sus manos pueden ser de nuevo la atracción de las multitudes y desea tener, a cualquier costo, lo que Pedro tiene.

Simón quería ser un aspirante al ministerio y ayudar a Pedro, pero sus motivos eran inadecuados (Hechos 8:19). No puede haber aspirantes al ministerio, ni ministros con motivos inadecuados en los altares. De llegar el ministerio a este punto, todo el esfuerzo ministerial que se haga estará amenazado. Hay ministros que llegan a ser aspirantes o en algunos casos entran al ministerio buscando satisfacer sus deseos personales, pero están lejos de hacer la voluntad de Dios.

Hay Simones magos modernos que están en el mundo engañando a otros y que ahora en la iglesia desean continuar llegando a las masas sin pasar por un discipulado efectivo.

Simón el mago le ofreció dinero a Pedro para que le diera la habilidad de dispensar el bautismo en el Espíritu Santo a los creyentes. Esta petición puede sonar buena. Podría dar la impresión de que Simón quería ayudar a Pedro a evangelizar en Samaria. Me imagino a Simón diciéndole a Pedro: "Pedro, si tú me das de ese poder, te vas por el área norte de la ciudad y yo me voy por la parte sur y podremos terminar con esta campaña evangelística rápidamente."

Aunque esto le suene a usted escandaloso no es diferente a los ministerios que hoy ofrecen seminarios sobre cómo hablar en lenguas. En estos seminarios al igual que Simón se está dispuesto a pagar con dinero con tal de aprender a dispensar el bautismo en el Espíritu Santo.

¿Qué precio le pondremos a este don? ¿Cuánto vale realmente el ministrar el bautismo en el Espíritu Santo? Estoy seguro de que si se le hubiese dado la oportunidad a Pedro de contestar la pregunta, tendría algo que decir al respecto. Imagínese a Pedro hablando con Juan y Felipe después de lo acontecido: "¡Qué atrevimiento tuvo este hombre llamado Simón! ¡Ofrecerme dinero por ministrar el bautismo del Espíritu Santo! Simón no sabe el precio de tener al Espíritu Santo en la iglesia. Fue necesario que Jesús muriera en una

cruz. Simón no conoce el precio. Esta bendición vino como resultado de la resurreción de Jesús de entre los muertos. Simón no conoce el precio. Fue necesario que los ciento veinte esperásemos en Jerusalén en un aposento alto. Simón no conoce ese precio."
Hay algo adicional en el caso de Simón y su dinero. El hecho de que le ofreciera dinero a Pedro es una evidencia de cómo este hombre engañaba a las multitudes. Los actos mágicos de Simón eran llevados a cabo sobornando a la gente con dinero. Imagínese lo absurdo que hubiera sido si Pedro le hubiese aceptado la oferta. Sabemos que el Espíritu Santo no se iba a manifestar por medio de un engañador como este. Pero con el hecho de que le ofreciera dinero a Pedro es suficiente evidencia para establecer que Simón hubiese engañado a más gente imitando el poder de Dios y el bautismo en el Espíritu Santo.

> *Un ministerio auténtico requiere que el ministro conozca lo fundamental de las doctrinas cristianas.*

Un ministerio auténtico requiere que el ministro conozca lo fundamental de las doctrinas cristianas. A Simón le faltaba mucho por conocer. Él expresa su deseo de imponerle las manos a cualquiera para que reciba el Espíritu Santo. Las Escrituras declaran que el Espíritu Santo no es para cualquiera. Puede ser para cualquiera si se cumplen los requisitos previos. Cuando Pedro predicó su mensaje el día de Pentecostés declaró: "Arrepentíos y bautícese cada uno de vosotros en el nombre de Jesucristo, para el perdón de los pecados y recibiréis el don del Espíritu Santo" (Hechos 2:38). Dentro de los requisitos desconocidos por Simón el mago para recibir el Espíritu Santo, está el arrepentimiento de pecados. El relato no declara que Simón el mago recibió el bautismo en el Espíritu Santo. Ahora entendemos que su condición espiritual no se lo permitió.

10

El triunfo del avivamiento en Samaria

AFIRMACIÓN VERTICAL DOCTRINAL

Se puede decir que todo avivamiento puede verse amenazado en algún momento u otro. Pero si las condiciones espirituales en la iglesia y su liderato son las correctas, el avivamiento verdadero triunfará. Este fue el caso del avivamiento en Samaria. Ya habíamos mencionado que Pedro estaba en Samaria. La actitud de Felipe con Pedro fue de sumisión y obediencia. Es por esta razón que la situación surgida con Simón el mago pudo salvarse.

Tiene que haber una actitud apropiada en los líderes de la iglesia si queremos triunfar en estos últimos años. El pasaje bíblico relata la actitud de Pedro ante la atrevida petición de Simón. El texto dice que Pedro respondió a la crisis. "Entonces Pedro le dijo" (Hechos 8:20). Cuán saludable y refrescante es poder escuchar esa frase sobre un líder eclesiástico. Pedro se expresó con relación a la herejía que pudo haber nacido en Samaria. Gracias a Dios que Pedro le dijo algo a Simón. Y es por lo que Pedro dijo que el asunto no prosperó ni se propagó.

A la luz de lo que vemos desarrollándose como doctrinas y nuevas tendencias necesitamos más expresión de los líderes eclesiásticos. ¿Qué decimos ante el mar de confusión en el que estamos viviendo? Todo avivamiento verdadero se verá amenazado cuando el liderato eclesiástico escoge el silencio en vez de hablar y manifestar sus doctrinas fundamentales.

EL DON DE DIOS

La primera afirmación doctrinal vertical del apóstol Pedro a Simón el mago fue establecer que el don de Dios no se obtiene con dinero. Muy diferente a otros samaritanos, éste tenía dinero. Simón funcionaba todavía bajo sus leyes mundanas de engaño. Para él todo lo espectacular o sobrenatural tenía que ser por motivos de magia y engaño en donde el dinero jugaba un papel importante.

Es un peligro asociar la obra de Dios y lo que Dios hace con cuánto dinero pueda o no dar la gente. Debemos examinar nuestros métodos y estrategias al levantar fondos en los ministerios e iglesias, para asegurarnos de que no estemos dando una impresión cuando la realidad sea otra. Si hay algo en Hechos 8:20 sobre lo cual el Espíritu Santo nos quiere amonestar es sobre el dinero y la obra de Dios. No todo se puede comprar con dinero. Esta afirmación doctrinal será una que quedará marcada como principio fundamental en la iglesia apostólica.

> *Es un peligro asociar la obra de Dios y lo que Dios hace con cuánto dinero pueda o no dar la gente.*

Si algo se puede decir del don de Dios es que Dios desea dar de sus dones a los miembros del cuerpo de Cristo. La Biblia expresa que Dios da una medida de fe a cada miembro del cuerpo de Cristo. Es decir que estos dones tienen un propósito específico: edificar el cuerpo de Cristo. Los dones espirituales no son para comerciar con ellos. El propósito no es sacar de ellos un lucro personal.

El triunfo del avivamiento en Samaria 89

En la actualidad vemos en los avivamientos modernos una mercadería irracional. Tal parece que todo el mundo desea hacer dinero con los asuntos de Dios. Nos olvidamos que hay un público en contra nuestra que está buscando todas las excusas para atacarnos a nosotros y al evangelio que predicamos. No le demos buenas razones para hacerlo. Sabemos que el dinero bien usado y administrado es necesario en el avance de la obra de Dios. Pero si los motivos son contrarios al uso responsable del dinero esto puede traer consecuencias devastadoras para la iglesia.

> *En la actualidad vemos en los avivamientos modernos una mercadería irracional.*

En su afirmación doctrinal en Hechos 8:20, vemos que el apóstol Pedro intentaba provocar a Simón a preguntar: "Entonces, ¿cómo se puede obtener ese don?" La idea no es sólo decir que el don de Dios no se obtiene con dinero. El propósito es llevar al público a preguntarse cómo se consigue ese don. Es a ese punto que debemos llevar al pueblo que no conoce a Dios. El apóstol Pedro ya había tenido cierta experiencia al llevar al pueblo a preguntarse esto y finalmente a llevarlos a una decisión de arrepentimiento y conversión. En Hechos 2:37, luego de que Pedro predicara su mensaje de Pentecostés, el pueblo quedó tan conmovido que se preguntaron: "¿Qué haremos?"

La pregunta que debe hacerse todo creyente que no ha tenido la bendición de haber recibido el bautismo en el Espíritu Santo es: "¿Cómo lo obtengo?" Este interrogante lo llevará a un acercamiento real con Dios, a escudriñar las Escrituras sobre lo que dice del Espíritu Santo. Como se verá, no es complicado, ni tiene un precio monetario; el creyente sólo tiene que pedirlo en oración al Señor.

UN CORAZÓN RECTO

La segunda afirmación doctrinal declarada por el apóstol Pedro es sobre la rectitud del corazón del creyente y el recibir el don de Dios (Hechos 8:21). No puede haber avivamiento permanente si no hay corazones rectos en la iglesia. Todo creyente que desee ver un movimiento del Espíritu Santo tiene que examinar sus motivos e intenciones del corazón. Es necesario integridad en este punto.

> *El bautismo en el Espíritu Santo … no es complicado, ni tiene un precio monetario; el creyente sólo tiene que pedirlo en oración al Señor.*

Las Sagradas Escrituras enseñan que el corazón es perverso y engaña, y sin la ayuda de Dios no podemos conocerlo (Jeremías 17:9). Pero los motivos del corazón juegan un papel muy importante en el avivamiento. Si lo importante para la gente es ver manifestaciones del Espíritu, entonces hará lo que sea para provocarlas y verlas aun cuando el corazón esté lejos de Dios.

Pedro le expresa a Simón: "Tú no tienes parte ni suerte en este asunto." El asunto al que Pedro hace referencia es al avivamiento de Samaria y el recibimiento del Espíritu Santo. Las expresiones del apóstol son fuertes y duras para un recién convertido. Hoy día dejaríamos quieto a Simón el mago en nuestras congregaciones, inclusive cuando eso significaría la crisis en nuestra iglesia o ministerio. Pedro lo enfrenta y le dice: "Tú no tienes participación en este avivamiento."

¿Por qué hoy deseamos tener a todo el mundo como parte de la tarea ministerial cuando claramente Pedro no le permitió a Simón participar? A veces pensamos que mientras más gente participe mejor es. El número de participantes en una tarea ministerial es importante, pero no lo es todo. Si los participantes demuestran motivaciones saludables se puede tener éxito en la empresa que sea. Si las motivaciones de los participantes no son las correctas puede ser la experiencia más amarga a la que usted se haya enfrentado jamás.

Una iglesia puede verse en ruinas cuando se descubren motivaciones maliciosas en sus miembros. Un ministerio evangelístico puede verse en crisis si los miembros del equipo no demuestran un corazón recto para con Dios y los líderes. Un concilio u organización eclesiástica puede llegar al fracaso si se halla en sus miembros maldad y maquinaciones carnales.

> *Es la responsabilidad de los líderes asegurarnos de quiénes están alrededor nuestro y cuáles son sus motivaciones.*

Las palabras de Pedro no sólo fueron esenciales en Samaria, lo son para los avivamientos modernos. Ya que Simón seguía a Felipe, esta experiencia resultó ser una buena lección para Felipe también. Los que siguen a los líderes pueden traer consecuencias graves en un avivamiento. Es nuestra la responsabilidad de asegurarnos de quiénes están alrededor nuestro y cuáles son sus motivaciones. Cuando se descubren las motivaciones incorrectas debemos tener la misma gracia, valor e integridad para confrontar la crisis.

ARREPENTIMIENTO

La tercera afirmación doctrinal del apóstol Pedro fue directa. Pedro le dijo: "Arrepiéntete" (Hechos 8:22). Esto fue lo primero que Pedro les expresó a los oyentes de Jerusalén: "Arrepentíos." El arrepentimiento bíblicamente hablando es fundamental para todo avivamiento permanente. No puede haber avivamiento si no hay arrepentimiento de pecado.

El trasfondo de la Palabra "arrepentimiento" en el Nuevo Testamento gira alrededor de la acción, de tornarse de algo, virar o regresar. El pasaje clásico que cubre la esencia de lo que es arrepentimiento se encuentra en el libro del profeta Isaías: "Buscad a Dios mientras pueda ser hallado, llamadle en tanto que está cercano, deje el impío su camino y el hombre inicuo sus pensamientos, y vuélvase a Jehová el cual tendrá de él misericordia, y al Dios nuestro el cual será amplio en perdonar" (Isaías 55:6-7).

El arrepentimiento o el tornarse del pecado y el sentirse apenado por los pecados, ha tenido una implicación escatológica. Los profetas hablaron de las implicaciones del arrepentimiento en cuanto a la remisión del juicio, el regreso del cautiverio, la llegada del gran día de la salvación y la llegada de Pentecostés (Jeremías 31:17-20; 31:31-34; Joel 2:12-32).

El profeta Joel no sólo expresó la condición del pueblo sino que Dios le manifestó lo que los sacerdotes y líderes religiosos tenían que hacer en cuanto a buscar a Jehová. Dios exige humillación y arrepentimiento desde el más grande hasta el más pequeño (Joel 1:5-14). Luego más adelante viene la promesa de un avivamiento en los postreros días (Joel 2:28ss).

> *Primero tiene que haber arrepentimiento y luego viene el avivamiento.*

El arrepentimiento fue el tema del mensaje de Juan el Bautista (Mateo 3:1). Jesús continuó con este mensaje pero le añade: "El tiempo se ha cumplido" (Marcos 1:15). Su llegada es la llegada del reino en persona, y es decisivo. Todas las relaciones de la vida deben cambiar y ser alteradas radicalmente. La predicación del arrepentimiento, de la remisión y del perdón de pecados debe unirse al mensaje de la cruz y la resurreción (Lucas 24:44-49). Los apóstoles fueron íntegros en esta tarea encomendada. Este fue el pasaje utilizado por el apóstol Pedro en su mensaje de Pentecostés. Primero tiene que haber arrepentimiento y luego viene el avivamiento. El apóstol tenía la experiencia de haber predicado este mensaje en Jerusalén. Pedro vio el resultado de una ciudad que buscó a Dios en arrepentimiento. Miles de personas encontraron y aceptaron a Jesús como Señor y Salvador. Ahora le tocaba a Samaria, y aquí vemos cómo el apóstol enfrenta una crisis provocada por la falta de arrepentimiento de un individuo.

La palabra "arrepiéntete" utilizada por el apóstol Pedro a Simón es la palabra en griego *metanoeo*. Esta palabra se usa para significar todo el proceso de cambio interno en un ser humano. Dios ha otorgado a los gentiles arrepentimiento para su vida (Hechos 11:18), y la tristeza que, según Dios, produce arrepentimiento (2 Corintios 7:10). Generalmente al decir esta palabra se describe un cambio interno de mente, afecto, convicciones y compromiso arraigado en el temor a Dios. Cuando este sentir interno va acompañado de fe en Jesucristo el resultado es un cambio externo hacia Dios.

> *Noten como la verticalidad doctrinal de un líder provoca arrepentimiento en uno que amenazaba el avivamiento de Samaria.*

Las expresiones de Simón fueron la evidencia para Pedro de la abundancia que había en el corazón de Simón el mago.

El apóstol le dice que en hiel de amargura y en prisión de maldad está. Simón tenía su mente, afecto, dinero y convicciones comprometidos con el engaño. Pedro lo confronta con lo que tenía que haber tenido desde un principio: un verdadero arrepentimiento.

Al escuchar Simón las palabras de Pedro no tuvo otra opción que pedir misericordia y solicitar que se intercediera a Dios por él. Noten como la verticalidad doctrinal de un líder provoca arrepentimiento en uno que amenazaba el avivamiento de Samaria.

Antes de hablar de avivamiento hay que hablar de arrepentimiento. Este elemento fundamental no puede ser sustituido en esta época. En el tiempo en que vivimos puede ser un tanto tentador no enfatizar mucho el asunto del arrepentimiento. El problema con esto está en el carácter que se ha de desarrollar en los creyentes que surjan de estos avivamientos modernos.

11

Avivamiento y una nueva adoración

El propósito de este capítulo no es ser crítico por el simple hecho de serlo. Al contrario, el deseo es llevar a los lectores a la reflexión bíblica y teológica sobre algunos asuntos teológicos que están afectando a la iglesia de avivamiento en la actualidad.

Partimos de la base de que el libro de los Hechos debe ser más que un libro de historia eclesiástica. Si la iglesia ve en este libro solamente un libro de historia y no al Espíritu Santo instruyendo a la iglesia contemporánea por medio de él, entonces tendremos que prepararnos para la mayor confusión doctrinal en toda la historia de la iglesia cristiana. En los Hechos de los apóstoles encontramos bastantes afirmaciones doctrinales y principios de corrección para la iglesia.

¿Se estará repitiendo hoy en las iglesias la misma dinámica del avivamiento de Samaria? ¿En qué lugar está el énfasis de la iglesia hoy? ¿Cuál es el carácter que predomina en las iglesias y en particular en los avivamientos? ¿En dónde están los Pedros que puedan asumir posiciones verticales doctrinales frente a las nuevas tendencias que se desarrollan en nuestras iglesias?

Las agencias misioneras declaran que todavía existen millones de personas que no han escuchado por primera vez el mensaje del evangelio de Jesucristo. Las iglesias de avivamiento modernas están ofreciendo riquezas, risas y danzas . . .

cuando todavía hay millones de personas en los pueblos que no se han alcanzado con el evangelio, que van rumbo al infierno sin que nadie llegue hasta ellos.

> *Las iglesias de avivamiento modernas están ofreciendo riquezas, risas y danzas... cuando todavía hay millones de personas en los pueblos que no se han alcanzado con el evangelio.*

El mundo vive uno de los momentos más críticos de su historia. El espectro político mundial no es nada inspirador. En cuanto a lo económico, los países se refugian en los conglomerados por áreas geográficas ya que no ven otras alternativas. Frente a este escenario, ¿cuál es el testimonio de la iglesia al mundo?

Hace apenas unos años el mundo evangélico y en particular el pentecostal, sufrió uno de los escándalos más grandes en su historia. Se puso ante el público mundial la vida de riquezas de los televangelistas modernos, y cómo sus estilos de vida provocaron su propia caída. Estas lamentables experiencias, y las enseñanzas que las provocaron, todavía están causando resultados perjudiciales para la iglesia de hoy.

UNA NUEVA ADORACIÓN

Todos los que llevamos varios años en las diferentes iglesias evangélicas pentecostales nos damos cuenta de las nuevas formas y estilos de adoración. Aunque pueda haber algunos que piensen que el hablar de estos temas es una pérdida de tiempo entendemos que no lo es. Cuando se descubre la teología implícita detrás de los cambios nos damos cuenta de que merece nuestro tiempo. Dentro de las nuevas formas de adoración se incluye el cambiar las letras de los himnos que se cantan en las iglesias y que son de corte tradicionales, por unos más modernos. También existe el cambio de cánticos en vez de himnos. Entendemos que mucho de lo que se canta en las iglesias no se sostiene teológica ni bíblicamente, y esto merece la atención de aquellos ministros responsables de la música en la iglesia. Pero ante ese vacío existente de crisis teológica y bíblica, en la alabanza y adoración de la iglesia se están enseñando doctrinas erróneas que complican más la situación.

> **Mucho de lo que se canta en las iglesias no se sostiene teológica ni bíblicamente.**

Algunos grupos con el deseo de traer cambios a las alabanzas contemporáneas decidieron traer una nueva lectura del Antiguo Testamento a la iglesia y ahora están aplicando liturgias, textos, palabras, estilos y ceremonias judías al contexto de la iglesia gentil cristiana. Esa nueva lectura se introdujo al contexto de la iglesia pero nunca se hizo lo que se practicó en la iglesia de Jerusalén. Nunca se convocó a reuniones para explicar y para ver cuál es el consenso de los demás líderes e iglesias que comparten la misma fe. Ahora vemos cómo algunos grupos se visten con uniformes de tipo judíos para ministrar la adoración y las alabanzas en las iglesias modernas.

Esta nueva lectura del Antiguo Testamento ha hecho que tengamos ahora himnos y cánticos con una teología del Antiguo Testamento. En un sentido, esta teología está incompleta dentro del plan total de Dios para la humanidad, porque aquello era la sombra de lo que iba a ocurrir con la presencia de Jesús el Mesías, que vendría a encarnarse y vivir entre nosotros.

Aunque la música con tonalidad judía es atractiva al oído, no por eso podemos cambiar, sin reflexión alguna sobre la teología implícita de lo que estamos cantando. Cuando uno escucha cánticos que apelan a la batalla, la guerra y otras situaciones del Antiguo Testamento no se puede echar a un lado el contexto de estos salmos y pasajes bíblicos. Cada una de estas situaciones tiene su contestación en la obra redentora y expiatoria del Mesías encarnado en el Nuevo Testamento.

Entendemos que cabe señalar en este momento un principio de interpretación bíblica. Los que tenemos a Jesús como Señor y Salvador de nuestra vida, debemos tenerlo a Él en mente cuando interpretamos el Antiguo Testamento o de lo contrario cometeremos errores gravísimos en otras áreas de la fe.

Esta es la razón por la cual el apóstol Pablo pudo entender el Antiguo Testamento con la nueva revelación de Cristo. Es esa la razón por la que Pablo defendió la fe cristiana para no asemejarse al judaísmo religioso practicado en Israel. Pablo fue instruido por uno de los más grandes maestros judíos de su época. De no haber Pablo tenido su encuentro personal con Cristo se hubiera quedado en su ignorancia sobre el plan de Dios para la humanidad. Si el apóstol Pablo estuviese vivo sería el mayor oponente de estos nuevos grupos de adoración. Claramente alguien entiende que la verdadera adoración es la judía, y Pablo defendió hasta con su propia vida el que no se judaizara la iglesia cristiana gentil (léase la carta a los Gálatas).

En los cultos de las iglesias se están dejando a un lado temas como la gracia, la justificación por la fe, la cruz, la resurreción, la esperanza bienaventurada, etc. Ahora nos tienen cantando sobre la guerra, la batalla, el caballo, el jinete, los muros, etc.

Uno de los textos clave para esta nueva escuela de adoración se encuentra en Amós 9:11. En este pasaje se habla de la restauración del tabernáculo de David. Ya en el capítulo cinco expliqué sobre la interpretación del tabernáculo de David en este tiempo. Cuando Jacobo hace referencia al tabernáculo de David no está hablando sobre liturgias de danzas y ceremonias, ni de cambiar la adoración a una que se acomode al estilo judío. El está haciendo referencia a los gentiles que tendrán la oportunidad de acercarse a la presencia de Dios (Hechos 15:16–17).

La porción bíblica que debe resolver para la iglesia el asunto sobre la adoración se encuentra en el encuentro de Jesús con la mujer samaritana (Juan 4). Después de que Jesús enfrenta a la mujer con su vida moral y le pregunta sobre sus maridos, la samaritana trata de desviar la conversación. Ella desea hablar ahora de religión. La conversación gira alrededor de los ancestros de la samaritana, y la selección de ellos de escoger al monte Gerisim como lugar de adoración en vez de bajar a Jerusalén y adorar allá. Es importante señalar que aunque los samaritanos adoraban a Jehová no reconocían todos los libros del Antiguo Testamento, sino sólo el Pentateuco. Es decir que para el tiempo de Jesús la adoración de los samaritanos y de los judíos era diferente. Los judíos por otro lado aceptaban todo el Antiguo Testamento.

Jesús resuelve de una vez y para siempre el asunto de las ceremonias en la adoración. Él le responde: "Mujer, la hora viene cuando ni en este monte ni en Jerusalén adoraréis al Padre" (Juan 4:21). Jesús le está declarando que aunque para los dos grupos eran importantes las tradiciones, la realidad es que ni el lugar, ni las ceremonias son lo esencial en la adoración.

El otro aspecto de la adoración que Jesús aclara es el del adorador. "La hora viene y ahora es cuando los verdaderos adoradores adorarán al Padre en espíritu y en verdad" (Juan 4:23). La condición del adorador es más importante para Jesús y el Padre que para los religiosos. La verdadera adoración es una en donde el adorador debe estar en una condición aceptable delante del Padre quien es el objeto de nuestra alabanza y adoración (Deuteronomio 10:21).

> *La verdadera adoración es una en donde el adorador debe estar en una condición aceptable delante del Padre quien es el objeto de nuestra alabanza y adoración.*

Adorar en espíritu y en verdad es el reclamo más alto que le hace Jesús a la iglesia y esa adoración nada tiene que ver con liturgias, ceremonias ni danzas. Esta adoración de lo que habla es del ser interno del adorador. Momentos antes Jesús le solicita a la mujer samaritana que diera cuenta de su vida moral. Ella no dio toda la verdad de su vida pero Jesús se lo reveló. Adorar en espíritu y en verdad es hacer de Dios el objeto de la adoración y no las liturgias y las ceremonias, y adorarlo con una vida aceptable y agradable delante de Él.

Deseo que ustedes reflexionen sobre varios interrogantes que pueden ser útiles para estudios posteriores. ¿Se puede justificar toda expresión de adoración por cualquier persona si se hace para Dios, sin importar la liturgia o las formas? ¿Debe existir algún orden en el culto?

12

Risa santa y avivamiento

Para ser justos con el tema de este capítulo tendríamos que presentarlo en la categoría que le pertenece. Los que están promoviendo esta nueva experiencia lo están presentando como algo nuevo del Espíritu Santo. Esto es como hablar de una nueva doctrina del Espíritu. ¿Existe tal doctrina del Espíritu Santo? En caso afirmativo, ¿qué pruebas, si es que las hay, se pueden señalar en el Nuevo Testamento como evidencia de que los apóstoles sostenían esta doctrina? Ya hemos visto cómo la iglesia apostólica en Jerusalén solía buscar en las Sagradas Escrituras para ver la evidencia bíblica relacionada con los asuntos a discutir o las crisis a resolver.

En los últimos años hemos visto cómo algunos predicadores van por diferentes lugares promoviendo una nueva experiencia del Espíritu Santo. Ellos ofrecen unos estudios bíblicos sacando de contexto todos los versículos que hay en las Escrituras en donde se menciona la palabra "gozo". Dentro de las explicaciones que ofrecen nunca explican cómo llegan a la conclusión de que la palabra gozo y risa es lo mismo.

Observando a estos predicadores por televisión uno nota que ellos utilizan el humor durante sus mensajes y enseñanzas para provocar cierta expresión de risa y luego establecer que esa persona ha recibido un bautismo de gozo. Dentro de mis cuarenta años en las iglesias pentecostales yo he visto manifestaciones de risa y de lloro en ocasiones. Nunca se enseñó ni se ha pretendido establecer que esa experiencia sea un don especial del Espíritu Santo. Es decir que la experiencia de sentir deseos de reír o llorar no es nuevo en la iglesia. Lo nuevo en los últimos años son los predicadores que desean establecer esto como algo nuevo del Espíritu Santo y enseñar que se debe tener esa nueva experiencia.

> *Algunos predicadores... ofrecen unos estudios bíblicos sacando de contexto todos los versículos... en donde se menciona la palabra "gozo".*

Tenemos en el Antiguo Testamento varios pasajes que mencionan la palabra risa. En Génesis 18:12; 21:6 se habla de que Sara se rió cuando recibió la noticia que daría a luz un hijo. La risa fue la manifestación de las emociones de Sara cuando recibió la noticia de que en su vejez tendría un hijo. Sara expresa que Dios la hizo reír con la hermosa noticia de que daría a luz un hijo. ¿Por qué es importante el contexto? Es importante notar que las mujeres que no tenían hijos eran sometidas a escarnio y sufrimiento.

El deseo de toda mujer era dar a luz hijos. Por el contexto cultural sabemos que en ese aspecto Sara no era feliz porque no podía tener hijos. Ahora Dios le da la buena noticia y ella recibe esa sorpresa de que en algún tiempo ella será madre. El lamento y la tristeza de muchos años desaparecen; Sara ríe porque su lamento ha terminado.

Algunos que enseñan y predican sobre este pasaje declaran que la relación de esta Escritura para nosotros, la iglesia, está en que al igual que Sara estábamos en pecado, tristes y bajo la marca de la maldad. Al venir el Señor somos liberados de ese escarnio pecaminoso. El Espíritu Santo que ahora mora en nosotros nos da una nueva manifestación del Espíritu en un bautismo de gozo y risa.

Explicando este pasaje en términos teológicos tenemos que preguntarnos primero si se puede interpretar esta historia de esa forma. Segundo hay que establecer si en todo el Antiguo Testamento la experiencia de salir de la pena, dolor y del escarnio era la misma para todos. Tercero, ¿podemos acaso concluir que la experiencia de risa se puede catalogar como lo es la salvación del alma y la del bautismo en el Espíritu Santo, una obra de gracia?

Un alumno de la Palabra, pastor o evangelista que desee traer edificación al cuerpo de Cristo, toma en consideración estas preguntas antes de darles una enseñanza nueva a los miembros. Supongamos que usted desee predicar un mensaje sobre la risa de Sara e interpretar lo que significa la risa para la iglesia. Tenga el cuidado de no establecer doctrinas con el pasaje bíblico ya que esta experiencia no se repitió.

El otro pasaje clásico para los promotores de esta nueva doctrina se encuentra en el Salmo 126: "Cuando Jehová hiciere volver la cautividad de Sión, seremos como los que sueñan, entonces nuestra boca se llenará de risa y nuestra lengua de alabanza." Aquí hay que volver y aplicar las preguntas que hicimos anteriormente.

En este capítulo hay una experiencia de cautiverio. En cualquier cautiverio hay dolor, sufrimiento, esclavitud, etc. El escritor dice que cuando se termine el cautiverio la experiencia será una de alegría por la liberación de Jehová.

Ahora en estos dos pasajes seleccionados hay varios temas en común: pena, escarnio y sufrimiento. Si se desea relacionar estos pasajes bíblicos con la experiencia de la salvación del alma en donde la vida es liberada por Dios, entonces tiene que haber también en el Nuevo Testamento alguna experiencia que pueda tener relación con la risa descrita en estos pasajes. La única experiencia en el Nuevo Testamento que podemos dar fe que provoca cambios en el creyente es el bautismo en el Espíritu Santo y el fruto de ese Espíritu morando en el creyente.

En lo que a evidencias bíblicas se refiere no existe ningún pasaje en el Nuevo Testamento que demuestre a la risa como una experiencia manifestada en la iglesia apostólica. No existe registro histórico de que en la experiencia de los padres de la iglesia se haya manifestado tal experiencia. En Santiago 4:9 vemos el único pasaje en el Nuevo Testamento en donde las dos palabras, risa y gozo, se usan en el mismo texto. El significado de las dos palabras es diferente. Si los autores hubiesen deseado decirnos que en la iglesia apostólica la experiencia de la risa se estaba dando, entonces habrían utilizado la palabra risa.

> *No existe ningún pasaje en el Nuevo Testamento que demuestre a la risa como una experiencia manifestada en la iglesia apostólica.*

El asunto de la risa santa debe mirarse desde otro ángulo. Ya vimos el punto bíblico y el teológico. Pero, ¿y qué desde el punto de vista de la experiencia del Espíritu Santo en la iglesia apostólica? Si esta experiencia es nueva, y es para la iglesia de este tiempo, entonces, ¿cómo queda la iglesia del Nuevo Testamento? Tendríamos que concluir que a ellos Dios no les permitió conocer al Espíritu Santo en toda su plenitud y esta posición no se sostiene bíblicamente, ni teológicamente.

Yo estaba dando una conferencia relacionada con este tema, y dentro de las preguntas que surgieron estaba la siguiente: ¿Acaso no dijo el Señor que haríamos cosas mayores que las que Él había hecho? (Juan 14:12). El énfasis del pasaje está en las obras, y no en las personas de la Trinidad. Dentro de las obras mayores que haría la iglesia no estaba el añadirle dones nuevos, ni manifestaciones nuevas al Espíritu Santo.

Hemos recibido testimonios de diferentes partes en los Estados Unidos, Canadá, Centro y Sur America y hasta en España sobre manifestaciones que se le quieren atribuir al Espíritu Santo. ¿Habrá algún Pedro que se levante para enfrentarse con Simón el mago? Escuchamos de gente ladrando como los perros. Otros hacen ruidos de vacas y leones. Escuchamos de casos de personas que están silbando en el Espíritu Santo.

¿Qué se puede hacer en la iglesia contemporánea a la luz de lo que está sucediendo? Dentro del contexto de su comunidad de fe, alguien tiene que levantar la voz, como Pablo en Corinto y Pedro en Samaria, a fin de establecer orden y promover enseñanzas sanas. De esa manera, en vez de cesar el avivamiento, continuará el crecimiento.

13

Avivamiento frente a una conciencia nueva

Todo parece indicar que Simón el mago vuelve de nuevo a amenazar el avivamiento de la iglesia. En esta ocasión no se trata del avivamiento en Samaria. La mentalidad de Simón sigue viva en la actualidad. Simón el mago fue el aspirante a ministro que quería ayudar a Pedro y que deseaba recibir el poder de Dios. Gracias al discernimiento de Pedro se descubren los motivos inadecuados de Simón para aquella ciudad.

En la actualidad estamos viendo cómo la iglesia está siendo sacudida por nuevos pensamientos que se alejan de los principios éticos y bíblicos que deben gobernar al cuerpo de Cristo. Tal parece que en algunas iglesias la ley es desafiar la conciencia de otros miembros del cuerpo de Cristo. Cuando uno hace una lectura seria y responsable de pasajes bíblicos como la carta a los Romanos, se da cuenta de que el apóstol Pablo tenía un gran respeto a la iglesia de Cristo. Lamentablemente los líderes modernos, los obispos y ministros de hoy se alejan del apóstol que fue Pablo cuando se mofan, ridiculizan y violentan la conciencia de miembros del cuerpo de Cristo.

PROSPERIDAD Y RIQUEZAS

Una de las nuevas filosofías modernas en la iglesia contemporánea es la teología de las riquezas. Hay una obsesión materialista la cual algunos pretenden disfrazar con el término "prosperidad". La idea detrás de estas nuevas enseñanzas es defender la postura de que la intención de Dios para la iglesia es que sea próspera, y en el diccionario de estos grupos, prosperidad significa riquezas materiales.

> **Hay una obsesión materialista la cual algunos pretenden disfrazar con el término "prosperidad".**

Estas doctrinas persiguen estrategias que llevan a la gente a entrar en negocios. Conocemos de iglesias en donde estos movimientos se dan en forma de negocios turbios dentro de la congregación. Estos negocios son al estilo de pirámides en donde se van reclutando gente para que entren a estas organizaciones de venta en cadena y poco a poco se va subiendo hasta llegar al punto máximo. Los que están arriba reciben dinero de todos los que están abajo en la estructural piramidal.

Para que esto sea un éxito se necesita de una constante motivación para que la gente se anime y entre a estas empresas. Lo triste es que una vez más vemos cómo se utiliza la Biblia para usos inadecuados. La lógica utilizada por estos grupos es que es la voluntad de Dios que se hagan ricos para que así se pueda propagar con mayor facilidad el evangelio por todo el mundo.

El texto clave para impulsar esta teología de las riquezas y que sólo representa un valor cultural de una sociedad consumista es 3 Juan 2: "Amado, yo deseo que tú seas prosperado en todas la cosas, y que tengas salud, así como prospera tu alma." En este contexto prosperidad significa llegar a ser ricos. Pero el versículo también menciona que la misma ley se aplica a la salud. Sin embargo, este aspecto de la prosperidad no se enfatiza mucho en estos círculos.

Además de este texto, leen el Antiguo Testamento teniendo en cuenta estas enseñanzas, y descubren que fueron millonarios todos los patriarcas, los profetas, los reyes y hasta Jesús. A Jesús lo han hecho un empresario, dueño de una de las industrias de carpintería más grandes de Jerusalén. Fundamentan esa conclusión en la túnica de Jesús. Sin embargo, en Mateo 8:20 Jesús dijo: "Las zorras tienen guaridas y las aves del cielo nidos; mas el Hijo del Hombre no tiene dónde recostar su cabeza."

Hace unos años atrás cuando estas enseñanzas llegaron a la isla de Puerto Rico el énfasis fue en ambos campos; fe para prosperar y fe para recibir salud. La idea desarrollada obligaba a estos grupos a llegar a la conclusión de que si no se prosperaba materialmente o en salud física era porque no se tenía fe. Todo eso duró hasta que a uno de los dirigentes del movimiento se le murió un familiar y no pudieron explicar la experiencia de la muerte con su teología. Ahora los grupos que quedan enfatizan más el aspecto material que el de la salud.

> *Este mensaje de las riquezas ha sustituido doctrinas de la iglesia tan importantes como la del bautismo en el Espíritu Santo.*

Estas nuevas enseñanzas son las que están amenazando a la iglesia de hoy. Este mensaje de las riquezas ha sustituido doctrinas de la iglesia tan importantes como la del bautismo en el Espíritu Santo.

UNA ESCATOLOGÍA NUEVA

No sólo la predicación de la teología de las riquezas ha afectado el ánimo de muchos, sino que además se están cambiando las fechas escatológicas. Aparentemente las enseñanzas del retorno inminente de Cristo y la gran tribulación la cual será antes del rapto no es afín con la teología de las riquezas.

Si la estrategia es motivar a la gente a hacerse ricos, con enseñanzas como la venida de Cristo y la gran tribulación no lo van a lograr. ¿Cómo se resuelve eso? Acomode su propio esquema escatológico. Hágale pensar a la gente que no vendrá ninguna tribulación. Que ese evento ya sucedió hace como dos mil años atrás. Que todavía falta mucho tiempo para el rapto porque Dios está en espera de que la iglesia despierte de su sueño y ponga a los enemigos por estrado de sus pies.

Si hay algo que la iglesia debe recuperar en este tiempo es el mensaje de la segunda venida de Cristo. Cuando le preguntaron a Jesús qué señal habrá de su venida, y cuándo sucederán estas cosas, las primeras frases que salieron de los labios del Maestro fueron: "Mirad que nadie os engañe" (Mateo 24:4). El tiempo antes de la venida de Cristo será uno de engaño para la humanidad. Los engaños vendrán de afuera y de adentro. En 1 Timoteo 3:1ss el apóstol Pablo expresó que en los postreros tiempos vendrán tiempos peligrosos.

> *No podemos dejar de predicar y enseñar lo que hemos aprendido desde el principio.*

No podemos dejar de predicar y enseñar lo que hemos aprendido desde el principio. La iglesia cristiana ha tenido un avance extraordinario en los últimos años. Éste logro no llegó porque la iglesia tuviera una teología de las riquezas. Al contrario, la iglesia de avivamiento, y las iglesias evangélicas en general, han hecho mucho y sabemos que se podrá hacer más. Los misioneros entregaron su corazón a la tarea de la evangelización sin tener que contaminar sus doctrinas con la teología de las riquezas.

CONCLUSIÓN

Todos los avivamientos del pasado y los modernos tienen que enfrentar crisis y amenazas. La iglesia tiene bastante experiencia, como hemos visto en los capítulos anteriores. ¿Qué hacemos hoy con el moderno Simón el mago? Algunos desean incluirlo para que los ayude en sus iglesias. Pedro lo confrontó y le enseñó lo que debía conocer. Nos toca a nosotros en nuestra responsabilidad ministerial de este último tiempo asegurarnos de que no comprometamos los principios para un verdadero avivamiento.

Nosotros como miembros del cuerpo de Cristo debemos dar un testimonio similar al de la iglesia apostólica del libro de los Hechos. Al igual que ellos, nuestra iglesia también enfrenta crisis. Estas crisis en ocasiones son iniciadas desde adentro por los miembros mismos del cuerpo de Cristo, y no siempre son desde afuera. Pero ¿cómo las vamos a resolver? Debemos imitar a aquella iglesia. Aquella iglesia se reunía y enfrentaba las situaciones confiando en la presencia del Espíritu Santo. Si reconocemos que existen controversias sobre doctrinas, interpretaciones bíblicas, opiniones en asuntos de conciencia, o solamente posiciones adoptadas por ciertos grupos eclesiásticos, debemos abrir el diálogo entre todos por amor a la paz y la armonía en el cuerpo de Cristo.

Aquella iglesia reconocía las Sagradas Escrituras como la fuente de autoridad, de fe y de conducta inspirada por Dios. El problema existente es que el avivamiento que se está promoviendo pone a las Sagradas Escrituras en un segundo plano. Ciertos ministros (Simones magos modernos) quieren entrar rápidamente a las manifestaciones y si no están presentes las provocan ellos mismos. La gente en iglesias inclusive pentecostales y carismáticas se aburre de un mensaje exegético y expositivo. No promovamos avivamiento alguno que sacrifique el estudio serio de las Escrituras. En cuanto a milagros y prodigios la iglesia apostólica comprendió que era natural en la dinámica de la iglesia, cuando ésta predicaba a Jesús resucitado, esperar un mover sobrenatural de Dios. El poder demostrado por aquella iglesia estaba sujeto a la proclamación de la palabra de Dios. Ellos supieron ubicar las manifestaciones del poder de Dios en la perspectiva correcta del orden de la iglesia. El problema actual en los avivamientos modernos es validar toda manifestación como del Espíritu siempre y cuando el que la promueva sea un "hombre de Dios". Simón el mago se fascinó con lo que vio de parte de Pedro, y su deseo era promover las manifestaciones sin cumplir con los requisitos espirituales que el mensaje exigía.

El liderato de aquella iglesia demostró un espíritu de sumisión al liderato establecido. Felipe lo demostró en Samaria. Hoy día la gran mayoría de los modernos impulsores de avivamiento han salido en desobediencia y por falta de sumisión al pastor o los líderes de concilios. Es extraño como de pronto estas personas son los que reciben una nueva revelación y comienzan un nuevo grupo eclesiástico. Para que haya un avivamiento permanente tiene que haber sumisión y respeto dentro del cuerpo de Cristo.

El esfuerzo evangelístico debe continuar en el programa de la iglesia. No es verdadero avivamiento pasar gente de una iglesia a otra. Hay ministros modernos que consideran que llenar la iglesia de gente de otras iglesias es avivamiento. Es más fácil esa tarea que ganarse al pecador para Cristo.

Mientras nos acercamos a un nuevo siglo y un nuevo milenio, lo único que podrá traer sanidad a nuestras tierras es un verdadero avivamiento. Si vamos a imitar a alguien en el libro de los Hechos, que no sea a Simón el mago. Imitemos a los apóstoles, a Felipe, a Esteban y a toda aquella iglesia que recibió Pentecostés en el poder del Espíritu Santo. *Mantengamos Pentecostés pentecostal.*